财富吸引力法则

获得财富、健康和幸福的实践法则

[美] 埃斯特・希克斯　杰瑞・希克斯 著
邢鑫 译

光明日报出版社

图书在版编目（C I P）数据

财富吸引力法则 / (美) 埃斯特 · 希克斯 , (美) 杰瑞 · 希克斯著 ; 邢鑫译 . -- 北京 : 光明日报出版社 , 2017.12（2025.7 重印）

ISBN 978-7-5194-3740-4

Ⅰ . ①财… Ⅱ . ①埃… ②杰… ③邢… Ⅲ . ①成功心理－通俗读物 Ⅳ . ① B848.4-49

中国版本图书馆 CIP 数据核字 (2017) 第 303451 号

版权登记号：01-2018-5978

财富吸引力法则
CAIFU XIYINLI FAZE

著　　者：〔美〕埃斯特 · 希克斯　杰瑞 · 希克斯　　译　　者：邢　鑫

策　　划：双螺旋文化　　责任校对：傅泉泽
责任编辑：杨　茹　　责任印制：曹　净
特约编辑：唐　浒　申　海　　特约技术编辑：张雅琴

出版发行：光明日报出版社
地　　址：北京市西城区永安路 106 号，100050
电　　话：010-63169890（咨询），63131930（邮购）
　　　　　010-63497501，63370061（团购）
传　　真：010-63131930
网　　址：http://book.gmw.cn
邮　　箱：gmrbcbs@gmw.cn
法律顾问：北京市兰台律师事务所龚柳方律师

印　　刷：固安兰星球彩色印刷有限公司
装　　订：固安兰星球彩色印刷有限公司
本书如有破损、缺页、装订错误，请与本社联系调换，电话：010-63131930

开　　本：145mm×210mm
字　　数：103 千字　　印　　张：6.5
版　　次：2018 年 10 月第 1 版　　印　　次：2025 年 7 月第 4 次印刷
书　　号：ISBN 978-7-5194-3740-4-01

定　　价：45.00 元

目　录

前 言

杰瑞·希克斯

你认为本书有何吸引人之处？你为何会阅读本书呢？哪部分标题吸引了你的注意力？财富？健康？幸福？学会吸引？又或者是吸引力法则？

不管你关注本书的原因何在，本书将会为你答疑解惑。

这本书是讲什么的呢？它教导我们生活是美好的，我们的幸福是自然存在的。它教导我们，不管你现在的生活如何安逸，它还是可以更美好。只要你愿意，你可以拥有更丰富的生活经历。它也提供了实际的思想工具，只要你持续不断地使用，它将助你拥有财富、健康和幸福——这些都是你的天赋权利（我知道之所以这些，是因为我已经有所体验，生活也开始蒸蒸日上）。

生活万岁！现在是2008年的元旦，当我开始写这篇序言时，我正坐在加利福尼亚州德尔玛（该市以风景如画、豪宅众多而闻名）新家的餐桌前。

自从埃斯特和我结婚以来（1980 年），我们就视此处为我们的“伊甸园”，常常在梦中前往。现在，在欣赏圣地亚哥的风景很多年后，我们最终成了这儿的居民。

为何不学会欣赏呢？正是我们的朋友替我们找到了这处房产（我们曾告诉他，我们正在德尔玛附近寻找一处房产，可以停放我们长达 13.7 米的旅游巴士）。这儿有景观设计师、工程师、时装设计师、木匠、电工、水暖工。这儿有贴砖匠、粉刷匠、家具匠。这儿有地板安装工、滑动门安装工、木窗安装工。这儿有高端的高科技人才，安装了路创自动照明系统和音频、视频、电脑的多媒体网络系统，以及自动无声的多分区空调和施耐德 / 美诺 / 博世 / 维京厨房器具（这些都是欧美厨卫用具的名牌）。这儿的商家服务周到，不厌其烦地为我们布置家具。这儿有勤劳的挖掘工、搬运工、水泥工、石匠、花匠……这儿还有成千上万的人热衷于发明、创造、新产品的传播——并借此赚钱……这里值得欣赏之处够多吧。

那只是值得你欣赏的事物中的九牛一毛。也许几分钟后，你又会发现一家价廉物美的餐馆，还有贴心的服务人员。热情好客的邻居们以别开生面的方式欢迎你的加入。

还有更多的事物道之不尽。向南边极目远眺，正是陶利松州立自然公园（据说此类松树全世界只有两处），越过卡梅尔山谷的潺潺溪水、水鸟禁猎区和礁湖，太平洋的海浪一浪接一浪，不知疲倦地冲刷着陶利松海滩。啊，生活多美好。

（埃斯特和我刚刚在海边散完步，我们现在正为新书《财富吸引力法则：获得财富、健康和幸福的实践法则》收尾。）

回想40年前，当我在全国的大学巡回演讲时，在蒙大拿的一个汽车旅馆里，我偶然发现咖啡桌上有一本书——拿破仑·希尔的《思考致富》，它完全改变了我对金钱的信念。利用他所传授的法则，我取得了巨大的成功，那是我连做梦都未曾想过的。

我其实不太在意财富的多少。但是，在发现此书后，我决定改变自己的挣钱方法——我要挣到更多的钱。说起来，我之所以注意到了希尔的书，正是因为我有这样的“愿望”。

在蒙大拿的汽车旅馆读到《思考致富》后，我在明尼苏达遇到了贵人，他为我提供了很好的机会。那项事业和希尔的教导相当吻合，我在那愉快地待了9年。9年间，我的公司已成长为资产上百万的国际公司。在那些年里，我也从一名普通收入水平的美国公民（**那是我以前打算的生活**）变为百万富翁。

我从希尔的书中受益良多，开始将其作为“教科书”，并向朋友大力推荐。但是，虽说这些教导让我大获成功，我已意识到，只有部分朋友获得了巨大的成功。我想让所有人都成功，因此，我开始寻求可以让更多人受益的方法。

在《思考致富》的经历后，我已坚信：通过学习，人人都可以获得成功。我们不必出生在富贵之家；我们不必在学校名列前茅；我们不必认识某人，出生在某个国家；或是要有恰当的身材、肤色、性别、信仰等等。我们只要学会一些简单的法则，并且将它持之以恒地应用于实践，成功唾手可得。

然而，并非每个人都能从相同的文句中看出相同的信息，从相同的书本中看到相同的结果。因此，当我渴求更深刻的体悟时，理查德·巴赫的奇书《幻影》进入了我的视野。《幻影》带给了我一段激情岁月，一些令我大开眼界的概念和现象，我能熟练地在生活中运用它的基本原则。

一次，我在凤凰城图书馆消遣时，在书架上层偶然瞥到了一本书——简·罗伯茨和罗伯特·布茨合著的《赛斯如是说》。我摒弃其中无关之处，提炼出合理之处与帮助他人致富的部分。

赛斯对生活的观念和我先前接受的固有观念大相径庭，我对赛斯的两段话特感兴趣："你创造你的现实"和"力量源于当下"。虽说我反复阅读，却总觉得自己始终没有真正了解这些原则。但我相信，这里有我苦苦追寻的答案。然而，赛斯后来没能进一步阐述。

在一系列偶然之后，我的夫人埃斯特开始接受一系列讯息，即现在众人皆知的亚伯拉罕教诲（**如果你想听听我们对亚伯拉罕最初的介绍，可以访问 www.abraham-hicks.com，此网站提供对亚伯拉罕长达 70 分钟介绍的下载**）。

当埃斯特自 1985 年开始灵修后，我就感觉，这将有助于我对宇宙法则有更透彻的了解，并能帮助我们更好地掌控生活。因此，早在 20 年前，我和埃斯特就向亚伯拉罕询问了 20 多个方面的上百个问题，特别是灵修实践，并用录音机记录下来。当许多人对亚伯拉罕有所耳闻，希望和我们交流时，我们就将这些磁带分为两大主题出版了。

过去 20 年间，在我们的书籍、磁带、DVD 以及各类研讨会、采访的影响下，上百万人了解了亚伯拉罕教诲。同时，其他畅销书作家也开始在他们的书籍、电视访问中使用亚伯拉罕教诲。两年前，一位澳大利亚电视制片人开始以我们和亚伯拉罕的工作为主题拍摄纪录片。她带着摄制组上了我们在阿拉斯加的游艇，拍了一些场景，又找了一些可以融入其情节的受我们教导的学生——余下的众人皆知。

制片人将影片命名为《秘密》，展现了亚伯拉罕教诲的主旨：吸引力法则。该片虽未被澳大利亚网络电视台（9频道）采纳，却直接发行了DVD和相关书籍。正是因为《秘密》，吸引力法则被成百上千万渴望更美好生活的人知晓了。

这本书就是在我们20年前所记录的手稿的基础上写成的。这些手稿还是首次出版。为了让读者更易理解和付诸实践，按照亚伯拉罕的意见，我们对每一部分都进行了修改，使之颇有系统，而不会有零碎之感。

在演讲圈有句俗话："告诉他们你打算说些什么，然后告诉他们你说了些什么。"因此，一旦你主动学习这些技巧，你会通过不断重复而获得进步，所谓熟能生巧，学习也不例外。你不可能一边继续老习惯、旧思想，一边产生新想法、无限的可能。但是通过简单的重复，一段时间后，你就会养成新的积极的生活习惯。

传媒界也有句俗话："人们更乐于娱乐而非教益。"但读过本书，你会发现一种审视生活的新方式，从而无比快乐。这本书对人的教益更胜于娱乐，不像读完放一边的娱乐小说，更像一本教科书，教你如何取得和保持财富、健康、幸福。因此，它需要不断阅读并付诸实践。

一直以来，我都希望能够帮助别人走上成功之路，特别是在财富方面。我相信，这本书能够为你答疑解惑，不管你有何困惑，都可以在本书中找到属于自己的答案。

这本《财富吸引力法则》是计划中四卷本“吸引力法则”的第二卷。两年前，我们出版了《吸引力法则：亚伯拉罕的基本教诲》。下一卷将是《人际关系吸引力法则》，最后一卷将是《灵性吸引力法则》。

在准备此书出版时，重温这些改变命运的文字，对我和埃斯特来说，都是一次愉快的经历。我们再次回想起了初次和亚伯拉罕讨论这些基本法则时的情景。

从一开始，埃斯特和我便决定将亚伯拉罕的教诲付诸实践。我们的经历十分愉快：在实践这些法则的20年后，埃斯特和我依然恩爱如初（虽然我们在加州购置了新家，在得克萨斯州的公司也翻新了，但我们更愿意驾驶着我们那13.7米长的汽车参加一个个研讨会）。我们已经20年没有进行医疗检查（保险）了。我们没有债务，而且今年交的税比我们在遇到亚伯拉罕前的所有收入总和还要多呢。财富和健康并不必然通向幸福，埃斯特和我依然探索着通往幸福的途径。

总之，通过我们的亲身经历，我们很乐意告诉你：这确实有效。

上行，下效

存乎中，形于外。

——翡翠石版（约公元前 3000 年）

第一章

正面思维法和积极面之书

当你调整到与本我相一致，你的生活必定会有圆满、爱和清晰。你只能得到你的思考之物——不管你情愿与否——因为吸引力法则始终如一。

你的版本，吸引力法则

强大的吸引力法则时刻回应着你的念向、你所讲述的生活故事，你生活的每一部分均是由此而来。你的财富和资产，你身体的灵活性、高矮、体形，你的工作环境，你被对待的方式，工作满意度及奖励。你生活中之所以有愉快的经历，正是因为你描绘了一个新版本的自己。如果你能有意识地修改和增加你每天所讲述的内容，生活必然蒸蒸日上。

生活待你不公

你想拥有更多成就，每天兢兢业业、任劳任怨，但日思夜想的成功依然迟迟未现。起初，你拼命工作，进退得宜……但是老天依然不开眼，事业还是没有起色。

小时候，当你第一次渴求成功时，长辈们替你制定了一系列成功法则。当你满足了他们的期望时，你也有些成就感。你的父母和良师益友为你指明成功之路时似乎信心满满："不要迟到，做到最好，努力工作，诚实，自强不息，乐于助人，没有付出就没有回报，最重要的是永不言弃……"

但是，随着时间的推移，你发现按当年这些法则行事，你的成就感却越来越少。不管你如何努力，始终不尽如人意。回望过去，你发现这些法则也没给长辈带来成功，至少大部分如此，于是，你变得更加沮丧。更糟的是，你遇到一些人（他们显然不遵循上述法则行事），他们的成功和你一直努力践行的法则毫不沾边。

你不得不自问："到底咋回事？为何努力工作的回报如此之少，平时散漫的人却能有所成就呢？为何我昂贵的教育投资血本无归呢——那些百万富翁却只有高中文凭。我的父亲劳苦了一辈子也没攒下什么，在为他办丧时，我还得向外借债……为何我辛勤工作却没有回报呢？为何只有少数人富贵，我们大部分人却在苦苦挣扎？我到底缺什么呢？那些富人有什么秘诀吗？"

"做到最好"还不够吗

当你每天认真做事，努力践行能够为你带来成功的法则，成功却迟迟不来，这很容易让你产生挫折感，甚至会对那些成功人士产生愤恨之情。有时，你发现自己之所以谴责他们，是因为看着别人成功实在痛苦至极。你长年财政赤字的状况，促使我们出版了这本书。

当你公开谴责你渴望的财富时，不仅财富离你而去，你也失去了上苍赐给你的健康和快乐。

许多人总是认为，周围的人因为某种阴谋相互结合起来，阻止自己成功。他们觉得自己已经尽力了，成功之所以迟迟尚未出现，必是被某些阴谋给剥夺了。但是，我们向你保证，这类因素不能决定你是否成功。成功由你掌控，无人可以阻止。我们写作本书的目的就是告诉你，你可以从容而有意识地控制成功。

播种渴望，收获成功

现在，你应回归本心，有意识地通过生活经历确定心中的渴望。当你从容放松之时，深呼吸，从容阅读，你将会逐渐记住成功之所由。你天生便有此能力，当你阅读本书时，必与宇宙至理形成共鸣。

永恒的宇宙原则恒定如常，坚若磐石，蕴涵着扩展的力量和爱的承诺，通过强大的韵律展现给你。从第一页开始，随着阅读的深入，当你记起如何接近那创世的宇宙能量，你将唤醒内心潜在的力量和沉睡的意识。

如果宇宙有唤起你的愿望的能力，必然也拥有为愿望结出果实的能力。此乃规律。

天生我材必有用

当人们事与愿违时，大部分人会认定有人从中作梗，因为没人会讨厌成功。将不利因素归咎于他人也许易为人接受，但是，认为有人从中作梗而导致你失败的这类想法，有着巨大的负面影响：**当你忽以物喜，忽以己悲——你将无法作出改变。**

当你渴望成功却无法实现，你的内心深处就意识到——生活出了毛病。情绪紊乱恰好表明你无法实现渴望，你会接二连三地产生一系列负面想法，对成功者的嫉妒，因失败而对他人的怨恨，甚至自我贬抑（这是最为痛苦的）。我们认为，这类情绪的滔天巨变不仅是表面的，更是对你的匮乏感的全面回应。

你的情绪紊乱是重大信号，表明你的生活出了问题。你本应成功，失败却令你饱受打击；你本应健康，却未老先衰；你本该飞黄腾达，现状却是令人难以忍受地裹步不前。生活本该是美好的——若非如此，必定是出了问题。出错并非因为不公正或命运之神不再眷顾于你，或是别人夺走本该属于你的成功，而是因为你和你的内心不再一致，还有你的真我、生活的馈赠、你的目标、宇宙法则。出错的并非是你无法掌握的外部因素。错在本心——贵在省身。只要你理解了本我、吸引力法则、天生的情感引导系统的价值（它一直活跃着，此刻亦然，而且极为易解），**你一定能控制自我。**

金钱本非万恶之源，亦非快乐之由

有关金钱或财富的话题十分重要，并非因为如众人所说它是“万恶之源”，或是幸福的必由之路，而是因为有关金钱的话题，成百上千次地被人们提及。它是一个重要因素，影响你的振动构造，影响你的个人吸引力。对于这个时时刻刻影响着你的因素，如果你能够成功掌控它，就可以取得成功。由于你的意念每天都接触有关金钱或财富的话题，只要你能自主地引导它，不仅财富滚滚而来，还能带动生活各方面的自主发展。

如果你是自主创造型人才，如果你想主动创造自己的新生活，如果你想掌控生活，如果你想实现你的愿望，你对“财富吸引力法则”这类流行话题的理解，将会对你大有裨益。

我的生活我做主

你的生活本该是富有、令人振奋而愉快的，你希望自己的一生富有激情，回报丰厚。五色五味刺激你的渴望，你知道这类愿望可以轻松实现，且愿望没有尽头。

生活无限精彩，你曾激情四射，斗志昂扬。你的愿望不因怀疑和不安而静默，因为你已了解自身所具力量，也知道世间原是修行地。**你知道自己天生就有引导系统助你保持本真，还有由此而生的不断修正的意识，你对这个世界满怀渴望。**

即便你刚刚出生，身形弱小，也是内心强大的巨人，时刻关注新鲜事物。

你天生便知晓自己生而为王，是生活的创造者，而吸引力法则是创造的基础。你记住，吸引力法则是宇宙的基础，它将任你差遣。

你需记住：你是世界的创造者，通过思想而非行动创造世界。即使你是不能行动、无法言语的婴儿，也不必惴惴不安，因为你记得初生于这个世界的欣喜，也知道有足够的时间适应新环境，学习语言。最重要的是，你知道即使大量知识无法直接转化为物质财富，那也没关系。因为通向愉快创造的道路早已铺就：你知道吸引力法则无处不在，引导系统时刻活跃着。最后，你即便会犯错，也会通过尝试，最终完全适应新环境。

我已领悟吸引力法则的一致性

宇宙中，吸引力法则恒定如常，坚若磐石。当你踏入一个新环境时，这是影响你信心的一大关键，因为你已领悟：生活的回馈将会助你立足。万物无不振动，吸引力法则对这些振动有所回应，依其本质重新组织：同性相吸，异性相斥。

因此，你无需担心无法立刻掌握这些知识，或者给你的周围人解释，他们似乎对此一窍不通。因为这一强大法则的一致性，会通过你自己的例子迅速显示其效果。弄清你自己的振动并不困难，因为不管你的振动为何，吸引力法则均会源源不断地为你提供各类相似迹象。

当你觉得压抑时，那些能够帮你摆脱压抑的人与事将会离你远去，你也无法找到他们。即使你努力寻找，也无济于事。那些被你吸引来的人不仅对你没有任何帮助，反而增加了你的压抑感。

当你觉得受到了不公平待遇，公平就找不到你。你对不公平的感知及其导致的振动，使得真正的公平之物远离你。

当你沉浸于为财力紧张而失望或忧虑的情绪中，财路大开的机会将会继续离你远去。并非因为你不名一文，而是因为吸引力法则使得同类相吸。

当你觉得自己身世可怜，你只会招来穷困；当你觉得富足时，成功自然伴你行。这项法则始终如一。如果你有所注意，它就会在你的生活中教你运用之道。**当你掌握了你所思考的事物的本质，你就拥有了自主创造生活的金钥匙。**

何谓振动

当我们谈及振动，实际上是希望你注意，生活中的一切都在振动。我们同样可以用能量指代，还有很多类似的表达，比如有时用乐器以重低音演奏时，可以感觉到声音的振动。

我们希望你明白当你“听到”时，你正在将振动转变为可以听到的声音。你所听到的是你对振动的独特转译。万物皆在振动，你的感官随时解读振动，并有对振动的感知，于是，你的视觉、听觉、味觉、嗅觉和触觉方能存在。

当你明白了自己身处高度和谐而有规律振动的宇宙中，振动在你的灵魂深处通声相应，你就会理解振动之道。

空气中，微尘中，流水中，身体中，存于其中的一切皆有振动，万物皆遵循吸引力法则。

在六种解读振动的感官中，你的直觉是最强大、最重要的。它通过与你内心的对比，不断对你当前的思想（振动）作出反馈。

非物质世界是振动的。

你已知的物质世界是振动的。

振动之外，别无他物。

吸引力法则莫不遵循。

你对振动的理解将助你认识精神与物质世界。

无须了解复杂的视神经系统或大脑皮层视觉神经中枢而眼观八方；不必了解电学才能开灯；不必理解振动才能感觉到和谐跟紊乱的差异。

当你学习接受振动的本质，并开始有意识地利用你的情感指示器，你才能主动控制自己的个人创造与生活经历。

我觉富足时，富足自找我

当你有意识地体验吸引力法则，你就有能力改变一切。如果依然故我，你所渴望之物，将越发匮乏，并继续排斥你。

人无法得偿所愿时，常常错归于外部力量：“我不能成功是因为我家太穷了，因为父母没有成功，他们也没有能力指引我；因为别人成功了，拿走了本该是我的资源；因为我受骗了；因为我一文不值；因为我浪费了青春；因为政府忽视了我的权利；因为丈夫好吃懒做……”

我们要提醒你，你之所以“未成功”，在于你提供的振动与成功的振动相异。**你不可能自觉贫寒而能富贵**。如果你不发出富足的振动，富足也不会找到你。

有人问：“如果我未成功，我如何能提供成功的振动？不是只有在成功之后才能提供成功的振动吗？”在春风得意时，当然更容易成功，因为你只关注事物的积极面，你的观察使之源源不断而来。但是，当你深处渴望之物的匮乏之境，你必须在它到来之前，找到感受其本质的方法，否则，它永远不会到来。

生活我主张，而非一避再避

本书是为了提醒你在某一程度上已经了解的事实，激活你的振动的知识。只有你不断深入了解这些知识，才能真正读懂本书——那是从更广的视角下所获取的知识。

醒来吧！是记起你的能量和存在理由的时候了。深呼吸，心平气和，慢慢欣赏本书，回归你原初的振动。

过不多久，你将满心喜悦：不再是受人摆布的婴儿，逐渐适应新环境，重新认识新能量，掌握你的命运；借助强大的吸引力法则，不再手忙脚乱，从容地应对生活。**若要如此，你不能讲述与生活毫不相干的愿景。你应当讲述你渴望的生活，而**

非继续过去和现在的状态。

讲述你的渴望

欲从容生活，必先从容思考。若要如此，你必须要有一个参照点，以决定正确的思考方向。自你降生起，这两大要素皆已具备。吸引力法则（宇宙间最为强大而一致的法则）无处不在。你天生的引导系统随时予你直接的反馈。**你只须做一件看似微不足道实则威力巨大的事：重新讲述新版本的你，讲述你内心的渴望。**

当你讲述自己的生活故事时，必须心情愉悦。**每一刻，每一主题，你都可以积极或消极地看待。宇宙中每一微粒中——每时每刻——皆有消极或积极的振动待你选择。**当选择出现时，你可以关注你的渴望或其匮乏面，因为每一主题都有两面：渴望之物及其匮乏面。通过感觉，你可以判断自己关注于哪面，进而作出选择。

每一主题皆有两面

以下的例子帮助你理解为何每一主题皆有两面。

富足\贫困（富足的匮乏）

健康\疾病（健康的匮乏）

快乐\悲伤（快乐的匮乏）

清醒\迷糊（清醒的匮乏）

生机勃勃\暮气沉沉（生机的匮乏）

知识\怀疑（知识的匮乏）

兴致勃勃\味同嚼蜡（兴致的匮乏）

我能完成\我不能完成

我想买\我买不起

我心情愉悦\我情绪低落

我要更多财富\我钱不够了

我想赚钱\我不知道如何挣钱

我想有钱\那人的财富本有我一份

我要苗条\我很胖

我要一辆新车\我车太久了

我要恋人\我没有恋人

当你看到这个列表，当然知道哪一项是更好的选择，但你也许会忘记一件简单而重要的事：当你阅读此列表时，你会趋于陈述事实，而非表明你的渴望。这类趋向是你排斥渴望之物的主要原因。所以，在本书中，我们为你提供了一些示例和技巧，助你通向你的渴望。

如果你希望吸引力法则带给你别开生面的生活，你必须讲述一个新版本的你。

我现在的版本是怎样的？

有个方法对于讲述新版本的你十分奏效。首先，去倾听你现在所言所思，当你发现其中有一段与你的渴望相反，你便自问："嗯，我清楚地知道这并非是我渴望的，那么我的渴望是什么呢？"接着，说出你的渴望。

我讨厌这辆丑陋破旧的破车

我想要一辆漂亮的新车

我很胖

我想要苗条

我的上司忽视了我

我希望受到上司的赏识

许多人认为，仅仅改变说法并不会改变现状，这样做并不会让一辆新车自动出现，或者令你的身体变得苗条，或者让你的上司态度好转对你另眼相看——但是他们错了。当你有意识地关注你渴望的话题，从渴望的未来讲述，你对这些话题的感觉将会发生真正的改变，那也意味着振动的改变。

正面思维法为生活再定位

所谓正面思维法，即有意识地认识到每一主题都有两面，并不断地言说和思考该主题的积极面。正面思维法帮你激活任一主题的积极特征。一旦你掌握这个方法，你渴望之物将会进入你的生活。

我们必须作出一项重要的声明，以防大家误解：如果你一边谈论你的渴望，一边又有所怀疑，你的言语并不会为你带来渴望之物，因为你的感觉才真正表明了你的思想——振动的方向所在。**吸引力法则回应你发出的振动，而不是言语**。然而，因为你不能同时论及你的渴望和厌恶之物，当你更多地谈及你的渴望时，将迅速改变振动平衡。

正面思维法的威力之大远不止于此：**当你生活陷入困境时，一切都不是你想要的，当你自问："我知道这不是我想要的生活，我梦想的生活在哪里？"并从内心作出回答，在那一刻，你的振动开始变化。正面思维法是强大的思想工具，可以即刻改变你的生活。**

幸福生活靠自己创造

你是幸福生活的创造者。作为创造者，你必须明白，创造不是依靠你现在所作所为，甚至不是你的所言所述。你通过强大的思想创造现有生活。

当你说话或行动时，必伴有思想振动发生。然而，你的思想振动时，未必伴有言语或行动。早在模仿成人说话时，小孩子便开始模仿周围人的振动。

你的每一次思索均有其振动频率。不管是来自你的记忆，还是来自他人的影响；不管是你的思考，还是和他人思考互振的产物，你的每一次思索均以特定的频率振动。通过强大的吸引力法则，这类想法会吸引类似的想法。现在，结合之后的思想以比之前更高的频率振动着。通过吸引力法则，继续不断吸引，直到这类思想足以吸引“现实生活的情景”。

通过思想的强大力量，你可以吸引所有的人、事、物。一旦你理解了思想之存在，你会发现新的解决之道，并以此指导思想。

愉悦之思

许多人相信在物质实体如血、肉、骨之外，人有更广阔的存在，我们将那巨大、永恒而智慧的部分称为本我。如何说明那永恒的部分并不重要，重要的是，你应当明白：永恒皆在，今在，永在。它对你在地球上的生活有着无与伦比的影响力。

你的一言一行皆以更广大的视角为背景。你之所以清楚地知道己之所憎、己之所喜，是因为你一直专注于你的渴望。

当你努力引导思想，向着你的渴望，如此每天坚持不懈，你将渐趋佳境。因为你的振动不断与自然接近，你的愉悦心情将会带你与本我契合。实际上，除非你此刻的思想与本我的思想振动一致，否则，你无法感受到内心的愉悦。

例如，本我关注你自己的价值——当你抱怨自己的缺点时，消极情绪正表明了你处于振动紊乱的状态。本我只关注美好而积极的方面——当你关注于令人厌恶的方面，你的振动便不再与本我相一致。本我只关注成功——当你只看到失败时，你与本我便背道而驰了。

追本溯源看自己

通过积极地思考，讲述你的渴望，你将自己的频率调整到与本我相一致的状态。在物质世界生活的同时，与更广阔的视角相一致，能让你将生活看得更清晰。**从本源看世界实在是观察生活的最佳角度。从这振动的有利位置俯视，你会与最适合你世界的事物相一致，并吸引它。**

埃斯特早已明白如何调整其振动，因此可以自如地将我们的知识转译给朋友，但是这一契合的另一益处她尚未知晓。

在一个春日灿烂的清晨，她正沿着送人车道为其同事开门，那位同事会开车过来。

在等待时，她忽然发现头顶的天空比以前更加漂亮了：色彩层次分明，白云蓝天交相辉映。她能听见极远处鸟儿的歌唱，美妙的乐音让她激动得发抖，感觉像鸟儿就在眼前。她能感受到来自草木、花儿、泥土的芳香，随风而来，萦绕其中。她感受到了生活的喜悦，爱上了这美丽的世界。她立即喊道：“从未有这一刻如此美妙，就是此时此地。”

我们笑了，因为她让我们视从其所视，听从其所听，嗅从其所嗅，触从其所触，享受美好的物质世界。

当你极度兴奋之时，此时此刻，你的本源与你合二为一。当你受到某些想法、兴趣的强烈吸引，亦是合二为一。实际上，你越愉快，与本源越一致，真我亦然。

与更广的视角的契合，能帮你更快实现你的渴望——融洽的人际关系，满意的工作，足以随心所欲的资源。它也同时提升你生活的每一刻。**当你调整到与本我相一致之时，你的生活必定会有圆满、爱和清晰**。此时此地，这也正是你真正想要的生活方式。

我能让自己更愉悦

埃斯特之所以能体验如此美妙的经历，正是因为她在努力寻找愉悦的感觉。当她躺在床上时，她便开始寻找，那感觉不断吸引类似的感觉，直到她走出门口（*差不多是两小时以后了*）。通过积极地选择，她已将振动频率调整到和本我相一致的层次，因此，本我很容易与其互动。

你选择的思考不仅吸引着下一步的思考，也提供与本我契合的平台。当你自觉而持续地思索，说你的渴望之物时，你就会不断地与纯粹、积极的本源相契合。此时，你的生命将会更加精彩。

负面情绪会致病吗

埃斯特的经历乃是源于她和本源的振动契合，及进一步与绝对愉悦的契合。如果你与本源及愉悦相脱离，同样也会有反作用。当你拒绝与愉悦一致时，虚弱和疾病将纷纷而至。

当你觉得情绪低落时（害怕、怀疑、沮丧、孤单等等），这类负面情绪正是你的振动和本我不一致的结果。在你的所有经历中——物质或心灵的——你的本我只知道积极面。因此，当你的思考与本我不一致时，你会首先觉得不情愿。

如果你保持下蹲，阻碍了血液循环，又或在颈部按上压脉器，减少氧气流动，你会立即感觉不适。同样如此，当你的思考与本我不一致时，能量的流动就会受到抑制——抑制则会导致负面情绪。**当你的负面情绪长期存在时，常常会导致体质下降。**

记住，每一主题皆有两面：**渴望之物及其匮乏面。**就像一根细棒的两端：一端是你的渴望，一端是你的厌恶。“健康”这根细棒也有“健康”和“疾病”端。然而，人们生病不仅因为他们关注“健康”棒的负面端，更是因为他们在许多类似细棒中关注“我所厌恶的”。

当你长期关注你的厌恶之物——而你的本我永远指向你的渴望，你的振动便与本我相脱离了。那也正是疾病的本质：因你的思考，你与本我相分离。

正面思维法，从糟糕到愉悦

每个人都想拥有快乐的人生，但大部分人相信，只有环境适宜，他们才会觉得快乐。实际上，大部分人的心情多由自身经历控制。如果他们遇到了好事，自然很高兴；如果遇到了坏事，常常觉得很糟糕。大部分人认为无法保持快乐，是因为为了快乐往往要改变环境，而他们更相信自己无力改变环境。然而，只要你了解每一主题皆有两面——渴望及其匮乏面，你便可以将注意力投注于事物的积极面。**那正是正面思维法的真谛：不管你的注意力何在，自觉寻找积极面。**

当你处境艰难，因而心情低落时，如果你自问："我知道这不是我想要的生活，那我的渴望是什么呢？"受你的关注点的影响，你的振动将会改变，你的吸引点亦然。这正是开始讲述不同的生活故事的好方法。不再说"我没有钱"，你会说"我会找到更多的钱"。这是两个非常不同的故事——不同的振动，不同的感受，同样带给我们不同的结果。

当你不断自问，从更有利的方向出发，"我的渴望是什么？"你的状况将会为之一新。你不断讲述自己的渴望，你的吸引点方向就会改变。这个过程将是缓慢的，但是只要持之以恒，用不了多久，意想不到的精彩将纷至沓来。

我与渴望一致?

正面思维法其实很简单：当你知道自己情绪低落时（这表明你已经觉察到自己脱离了内心渴望），你只需停下脚步，并自问："我现在情绪低落，这表明我和我的渴望不一致，那么，我的渴望是什么？"

每当你情绪低落时，正是确认你的状况、渴望的好机会——当你处于困境中时，将更加清楚内心的渴望。所以，停下脚步吧，向内心确认：**一定有很重要的事，否则，我不会觉得心绪不安，我的渴望是什么呢？**接着，你关注于渴望之物，负面吸引立即停止，正面吸引则重新开始。此时，你的感觉将从糟糕到愉悦。这正是正面思维法。

我的渴望

人们之所以不愿讲述不同版本的自己，多半由于相信应该承认生活的“真相”。但是，当你明白了吸引力法则回应的是你所描绘的理想中的自己——并令其不断延续——你也许会更愿意讲述一个不同的故事，一个与你的理想生活相符的故事。当你想到你不喜欢的，并自问：“我的渴望是什么呢？”你便开始转向讲述一个新版本的自己，还有更积极的吸引点。

你须记住：你只能得到你的思考之物——不管你情愿与否——因为吸引力法则始终如一。因此，你不仅在讲述你现在的生活，你也讲述你正在创造中的未来生活。

有时，人们会误解正面思维法，认为这样就是专注于不可能之事，并令自己信服。他们认为，我们正在引导他们颠倒黑白，又或是自欺欺人。但是，你永远不能通过欺骗而变得愉快，因为你的感觉由自己主宰，而它又是你所选择的想法的产物。

注意生活中你不想要的，会慢慢清楚自己真正的渴望，这实在奇妙得很。当你注意到自己的感受时，可以用正面思维法令注意力更多地集中于积极面。当吸引力法则对你的积极想法作出反应时，你会发现，生活也在向积极面转变，而消极面则不断消退。

当你有意识地运用正面思维法时，你是在有意识地选择自己的想法，选择你的振动，选择你生活的方向。正面思维法通过有意识地控制你的思想，引导你的生活。

此时我愉快至极

人们常常抱怨，如果生活美好，他们就更容易积极地生活了。他们也承认生活优裕时，心情坏不了。我们当然也认为，当你关注于积极面时（含上面的情况），则更容易愉悦。但是，你如果觉得自己只能关注于正在发生的事情，那么，如果它不能令你快乐，你只能等待一辈子了。因为你对厌恶之物的关注将会阻止你的渴望向你靠近。

你不必等待好事临门才喜气洋洋，因为不管自己处境如何，你都可以引导思想关注于积极面。当你注意到自己的感受，并将注意力集中于积极面，你的生活也许会发生积极的变化。

流入你生活中的事是对你的振动的回应，你的振动由你的思想提供，你可以通过情绪感知思想的性质。找到愉快的思想后，愉悦的感觉随之而至。

许多人会说："如果换个环境，我就会更快乐；如果我的人际关系更融洽；如果我的同事更容易相处；如果我的身体更完美；如果我的工作更高效；如果我的财富更多……如果我的生活处境更好些，我自然会更快乐，更容易积极地思考。"

良辰美景的确让人赏心悦目，也更容易让人感觉愉快。但是，你不可能总是一帆风顺，别人也许是在对你逢场作戏，希望别人为你提供完美的环境不是最好的办法，因为他们没有责任为你创造完美环境；他们不可能控制你已经创造的环境；最重要的是，你将失去创造自我生活的能力。

不管你的注意力何在，永远寻找事物的积极面，你的生活必将美好。

厌恶吸引厌恶

良辰美景事，亦有伤心处。宇宙的每一微粒都有着积极面和消极面。当你关注于事物的消极面，并试图推开，它反而会不断靠近，因为不管你是否情愿，你确实是在关注它。

你所处的宇宙以“包容”为基础。在“包容的宇宙中”，没有任何事可以“排斥”，当你看到你的渴望之物，并祈求得到它，相当于在说：“是的，那正是我渴望的，快快来我这！”当你看到你不喜欢的，并对它说“不”，实际上等于说：“快快来我这，我不喜欢的！”

围绕你的一切，均有积极与消极之分，你可以自主决定关注于渴望之物。你的环境正是与一系列选择的决斗，你应当更自主地对自我思考作出选择。当你试图选择令你愉悦的，当你开始讲述一个不同的生活、人物、经历故事，你会发现，你的生活会向你所讲述的新方向作出改变。

喜欢还是厌恶

有时，你会觉得自己正关注于渴望之物，实际恰恰与之相反。因为你的积极语言、微笑，并不必然意味着你发出了正面的振动。当你说话时，只有意识到当时的感受，你才能确定，自己真正提供了所渴望之物的振动。

关注解决之道

有一次，正当气象播音员播报“严重干旱”时，我们的朋友沿着得克萨斯希尔农产品公司的小道散步。她发现草木因为缺水而干枯发黄了，便立刻担心起来。她发现几小时前刚给鸟儿喂的水已经一滴不剩了，又想起了干渴的鹿可能为了饮水而跳出篱笆。当她为这一情况发愁时，突然停下来，望向远方——以非常积极的情绪祈求：“降一些雨水吧！”

从这匮乏处，你认为她能获得降雨吗？

她此刻做错了吗？

如果她想：我渴望降雨，因为它能苏醒万物，它为灌木丛中的生物带来雨水，它能让草儿变得更绿，这一切令人心旷神怡。

可以说，现在，她正在吸引雨水。

为什么要降雨呢？要脱身于问题，而将注意力转移到解决之道。当你考虑你为何才有此渴望，你的振动就会转向你的渴望。当你只想到它何时、为何发生，你的注意力又回到了未解决的问题本身。

从错误的关注中走出，通过分析渴望降雨的原因，她完成了逆转。她不但开始考虑自己的渴望及其原因，情绪也一步步开始好转。那天下午果然降雨了，当地的天气预报员报道了“这一不同寻常的暴雨”。

你的思想十分强大，你对生活的控制力远比你意识到的巨大。

我要快乐

一位年轻父亲因为儿子天天尿床而焦头烂额，这一情绪持续了很长时间，显然儿子的行为让他很尴尬。“他已经长大了。”他向我们抱怨道。

我们问：“今天早上你进卧室时，发生了什么事？”

“我一走进卧室，闻到尿骚味就知道：他又尿床了。”他答道。

“那时你有什么感觉？”我们问。

“无助、愤怒、沮丧。我经常有这种感觉，自己也不知道该怎么办。”

“你怎么对儿子说的？”

“我让他脱掉衣服去澡盆里洗洗。我告诉他，他已经长大了，这样做很不好。之前我已经说过很多次了。”

我们告诉这位父亲，正是他令儿子不断地尿床。我们解释说：**“当你觉得受制于形势时，你就无法改变形势。但当你能控制自己对这一形势的感受时，你就可以改变这一形势。**比如说，当你进入儿子的卧室，发现他尿床了，你可以停下一会儿，承认这个事实并不是你所愿意看到的。你自问自己希望如何，并通过寻找原因来向另一面逆转，你不但会立即心平气和，过不了多久，也会看到积极的结果。”

“你希望怎么样？”我们问。

他说：“我希望小可爱能一觉醒来清清爽爽的，我希望以他为傲，不再尴尬。”

当这位父亲关注于希望时，就轻松多了。因为在这种努

力下，他与其愿望相契合。我们告诉他："当你关注于积极面时，你所发出的频率将与内心的渴望相契合，你会对儿子施加更积极的影响。你就会说：'哈，这也是成长的一部分。谁都有这种经历，你也会快快长大的。现在，脱下衣服到澡盆洗一洗吧。'"不久，这位父亲便开心地打电话告诉我们，他儿子不再尿床了。

情绪低落时，事事不如意

虽然人人都多少了解自己的情绪，却少有人明白情绪的引导作用。简单地说：**当你情绪低落时，你正吸引令你不快的事物，情绪低落乃是因为你在关注它。**

许多人讨厌负面情绪，我们更愿引导你，助你理解你关注事物的性质，你振动的性质，我们称之为"引导之铃"，它提供逆转你的情绪的信号。

你的情绪是你的引导系统，助你理解每一次思索。当刚刚明白思想的威力和关注积极面好处的人处于负面情绪时，常常觉得尴尬甚至愤怒。其实，因为拥有全面引导系统而对自己生气实在没有必要。

当你意识到情绪低落时，通过自我表扬，以意识到引导系统，并通过思考积极面扭转情绪，这也是非常微妙的正面思维法，它能让你的思想更积极。

当你觉察到自己有负面情绪时，你可以对自己说：**我感觉到了负面情绪，那表明我正在吸引令我不快之物。我想要的是什么呢？**

只要承认你"想要快乐"，便会扭转你的思想向着更积极的方向发展。但是，“想要快乐”和“不想一团糟”之间的区别非常重要。有人会认为，这只是同一件事的不同表述，其实这两类表述大相径庭，有着巨大的振动差异。**如果你能让你的思想不断寻找令自己愉悦之物，你会形成新的思想或信念模式——它可以帮你创造美好生活。**

我的思想要更强

不管你思绪何在——遥远过去的回忆，你正遇到的事，或你对未来的期待——只要你在思索，它就会吸引类似的想法。你的思想不仅会吸引类似的想法，而且你的关注时间越长，思绪就越强烈，吸引力也更强。

我们的朋友杰瑞常常拿船只进港时的绳子作类比。船只通常会被系上一根又粗又长的绳子，这根绳子过于粗大而不能扔过一片水域。因此，首先是把一团麻绳扔到码头那儿。捻线后，麻绳变粗，继续捻线而变得更粗……最终，又粗又长的绳子很容易就能拉过水面，船只也安全进港了。这和你思想的连接十分相似，一个接一个，一个又一个。

对于某些话题，因为你一直在捻长负面之绳，你很容易就会冒出消极的想法。某人的几句话、一段回忆或一些意见，都会马上令你情绪低落。

你平时的所思所想，经过日积月累，可以基本决定你的吸引点，你可以积极或消极地引导自己的想法。比如，你在杂货店时，突然发现平时购买的必需品涨价了，你感到一丝不快。也许你只是因为商家的突然涨价而感到意外，因为对于商品的定价，你也说不了什么，只能承受，所以就不高兴。然而，我们要指出，你的不快并非是因为杂货铺商品的涨价，而是因为你自己的思考角度。

就像刚才类比的不断捻动的绳子，你的想法也是一个接一个，并产生振动。例如，**哇，这价格比上周可涨了不少，这价格不太合理，市场上的价格没有合理的……一切都做不了主，我都不知道怎么过下去……像以前的日子那样是不行了……我的经济太糟了，我无法承受这些涨价……我的日子又要苦了……我的工资可不像这生活费节节攀升……**

当然，这载满消极想法的列车可以向多个方向行驶，抱怨店主、经济形势、政府，它会令你觉得形势大大不利，因为你观察的每件事都是自己的感触。所谓境由心生，因为你提供了自己的振动，它通过对你思想的选择影响你现在所吸引的。

如果你意识到自己的感触，并了解你的情绪指示了你的思考方向，你便可以引导思想。例如，**哇，这价格比上周可涨了不少……然而，我没注意篮子里的商品，它们的价格没变，甚至还降价了。我注意到，因为商品涨了不少，才吸引了我的注意力……价格确实涨了，我尚能处理，一切尚可接受……**

一旦你注意保持快乐，你会发现，让你的思想变得愉悦并非很难。

当你对愉悦的渴望活跃于心中，便会不断地唤起美好的感觉，你会发现自己的思想越来越容易集中于积极面。你的思想拥有巨大的创造力和吸引力，你只能通过不断地愉悦思考才能驾驭。当你的思想在胜负得失、喜欢讨厌间来来回回时，你就失去了纯粹而积极的思想带给你的劲头。

创造积极面之书

在我们积极于这项工作的第一年，在可以辐射方圆480公里的合适地方租了家小旅馆，这样，人们在提问时便有了一个舒适的场地。奥斯汀市的一家旅馆似乎常常忘记他们的预定，虽说埃斯特已经签了合同，甚而在前一天晚上打电话确认。这家旅馆每次都能提供食宿（虽说当他们到达时，没有人想想他们的预定），但是每次都要催促店员在客人赶到之前准备好屋子，这令杰瑞和埃斯特很不舒服。

最后，埃斯特说："我想我们最好找家新的旅馆！"

我们说："也许你们是对的，但是要记住，**你始终带着你自己。**"

"你这话是什么意思？"埃斯特的问题有点火药味。

我们解释道：**"如果你因匮乏而采取行动，常常会适得其反。**实际上，新旅馆会像上一个旅馆那样对待你。"她豁然开朗，不禁哈哈大笑，为了这个理由，她已经换了好几家旅馆了。

"我们该怎么做呢？"她问道。我们鼓励她们买一本笔记本，并在封面上写下：**"我的积极面之书。"**在书的第一页写上："奥斯汀市——旅馆的积极面。"

于是，埃斯特开始写："这儿环境优美，位置优越，与市区接近，容易找到方向，这儿的房子规格多样，店员态度好……"

当埃斯特写下这些时，她对这家旅馆的看法大为改观，从负面变为正面。当她的想法改变时，她对旅馆的吸引同样有所改变。

她并未写："他们随时准备好了接待我们。"因为这与她的经历不符，写下那些会让她觉得与现实相矛盾，并感到苦恼，又或有几分自我辩护的意味。通过保持愉悦，并将注意力集中于旅馆的积极面，埃斯特有关旅馆的吸引点改变了。接下来，发生了好多有意思的事：这家旅馆不再忘记我们的到来了。埃斯特很快明白，旅馆忘记他们的合同并非因为他们不关心，只是店员受到了埃斯特的思想影响。而现在，他们也受到了埃斯特的积极思想的影响。

埃斯特非常享受**积极面之书**，她很快将之应用于生活的各个方面。我们鼓励她不仅记下了她所寻找的快乐，还有她曾经享受的愉悦，以养成愉悦思考的习惯。这样的生活很潇洒。

吸引力法则为思想添威力

在陷入困境时，你常常会寻找原因，以说明你为何落得如此境地。**当你在辩解抱怨、寻找理由时，依然处于负面吸引之中。**当你解释事情为何不能如你所愿时，你的一言一语正在吸引负面想法，因为当你只顾解释为何不能如愿以偿时，就无法关注渴望。**你无法同时关注积极面和消极面。**

当你试图确定困境始于何处，只会继续负面吸引：我的困境源于何处？为何我不能如愿以偿？你希望生活蓬勃向上，因此需要解决这些问题。但是，寻找解决之道和通过对问题的强调而寻求解决，这两者间的差别大得很。

认识到事情并非如你所愿是重要的一步。一旦你确定了，你越快转移到问题的解决，对你越有利，因为对问题的过长关注将会阻止你解决问题。问题的振动频率与解决之道截然不同。

当你意识到正面思维法的价值，并确认你厌恶的，你应立即关注你的渴望。你会发现生活的美好，因为生活出现的问题还不是很多。每天利用积极面之书将会助你积极向上，它将帮助你逐渐将你的思想导向渴望。

你越关注令你愉悦的思想，越会发现思考积极面和消极面之间的重大差异。当你在谈论或思考你的渴望时情绪低落——例如，更宽裕的财政、更融洽的人际关系、健康的身体——你正在阻抑自我发展。

正面思维法和积极面之书均是为了助你认识——在你创造的初期——你正在拉着负面的线团。你可以立即将之放开，并寻找正面之线。

从令人愉悦的想法出发，一点点地变得愉快，比之于直接通向美妙的想法简单得多。因为所有的想法均受吸引力法则控制。

每天保持好心情

当你关注于消极之物时，更容易留意消极的话题（甚至找到其他证据支持），而非转移到积极视角，因为**同性相吸**。如果你想从负面、消极的话题直接转向积极而愉快的话题，很难成功，因为两者之间的振动差异太大了。改变你自己振动的办法还是从一点一滴做起，慢慢通向你的渴望。

当你早晨起来，在睡了几个小时觉后（因此和厌恶之物的振动相脱离），正好处于积极振动状态。如果你在起床前思考生活的积极面，你整天的情绪将会很积极。吸引力所提供的思想也会更加令人愉悦而有益。

每天清晨，你都会推出别的振动基准，为你一天的思考定调。虽然有时生活中的事情与基准相差很远，但你会发现，你已经完全控制了你的思想、你的频率、你的吸引点、你的生活！

睡眠是能量调整的最佳时机

当你睡觉时，或你的身体完全休息时，身体的吸引完全停止。睡眠时，你的本我重新调整能量，身体也获得休息，驱除劳累。当你上床后，如果你说："今晚我会睡个好觉，我知道所有的吸引都会停止，当我一觉醒来时，我将重新回到物质世界。"你将会从睡眠中获得更大益处。

早晨醒来其实和新生差不多。当你醒来后，睁开眼睛说：**"今天，我将保持愉快。没有比快乐更重要的事情了。我选择的思绪奔涌而来，借以提升我的振动频率，使之与宇宙的积极面相呼应。"**

如果你在睡觉时满腹疑虑，当你醒来后，会立即承接昨晚的思绪，这一天的思想也将会继续走向负面。吸引力法则会不断为你提供类似的思想。但是，只要你在睡觉前确立生活的积极面，并且记住在睡觉时会与外界振动脱离，当你醒来后，你会睁眼说："**今天，我将保持愉悦**。"你将重新掌握你的思想和生活。

不要杞人忧天或想着今天必须完成的作业，刚醒时，你只要躺在床上寻找生活的积极面："**这床多舒服，被子多暖和。我的身体精力充沛。空气多清新，生活多美好……**"你已经开始捻正面之绳。

吸引力法则就像放大一切的巨型放大镜。当你醒着并寻找愉悦的理由时（有些就在你身边），吸引力法则将会接连不断地提供类似的想法。那正是我们所说的“以正确的方式起床”。

通过一点点努力，对快乐的渴望，你可以引导你的思想通往更美的图景，直到你改变自己的思维习惯及吸引点。你思想的变化很快将会在生活中有所体现。

积极的睡眠过程

行动导向令你相信一分耕耘一分收获。但是，当你学会自如地引导思想，你会发现思想的巨大威力。只要你持之以恒地关注自己的渴望，而非在渴望与厌恶之间来来回回，你会通过亲身经历明白此话的正确含义。因为你的行动导向信念，有时过于辛苦了。所以，你常常关注于问题（或者需要在哪方面弥补），而非关注渴望。

通过寻找积极面的过程，你可以对此有所改善。当你躺到床上后，试着回想一些白天发生的趣事。一天里当然有很多事情发生，你可以沉思一刻。也许你记得一些令人不快之事，但更应当关注于那些快乐的事，细细品味。

起初，你可以说：我最喜欢的事……我最喜欢的部分……沿着积极的线索思考你白天最快乐的部分。当你感觉到积极思想的效果时，立即回到你的主题：**睡个好觉，醒时神清气爽。**

对着自己说：**“我现在要入睡了。当我睡觉时，因为不再思考，吸引将会停止。我的身体将会神清气爽。”**关注到你身边触手可及的事物，像舒服的床、柔软的枕头、此刻的轻松适意，接着继续你的思绪：**“我会睡觉睡到自然醒。一觉醒来**

后，又将是新的、愉悦而积极的吸引点。”接着，入睡吧。

积极的早晨

当你在第二天醒来时，情绪将会十分积极，你首先会想：**“嘿，我醒了。我又回到了这个世界。”**在床上静静躺一会儿，细细享受这番舒适，开始思索：**“今天，不管我上哪儿，不管我做什么，不管我和谁共事，我都要保持愉悦。当我快乐时，我的振动发出更强的威力；当我快乐时，我和我的渴望相一致；当我快乐时，我正吸引着周围令我快乐的事物；当我快乐时——我就快乐！”**（如果快乐只带给我们片刻的好心情，这也不错——但是它带给你的好处远不止此）

我们在床上躺上两三分钟，便开始寻找周围的积极面。当我们开始新的一天时，会发现更多的积极面。不管注意力何在，我们都能找到快乐的理由。

虽说一早就寻找快乐，我们还是会发现一些负面情绪，因为有些话题天然有着负面倾向，我们会停下，并说：**“我希望保持快乐。我有些负面情绪，那正表明我正关注令我不快之物。我的渴望是什么呢？”**我们要立即关注于内心渴望，关注于新的、积极的思想。只要时间足够长，我们便会感觉到积极的能量开始重新在体内涌动。

当你继续生活，寻找更多的乐趣和欢笑，希望快乐时，不必一板一眼过于严肃；当你随意谈论时，就不大会注意其匮乏；当你不再关注于匮乏，会更快乐；当你更快乐，会吸引更多的渴望之物，你的生活也会越来越好。

晚上，当你躺在床上，你有很多快乐足以回味，带你进入甜蜜的梦乡。次日醒来，你的情绪又会更加积极。

我的感觉我知道

当你处于困境之中时，你常常试图发现一些积极面。有些事令人难以忍受；有些问题如此之大，似乎找不到一点积极面，但是，这一切皆是因为你的跳跃幅度过大——从你现在关注的困境到你渴望的解决方案。如果你有切中问题的解决行动，却发现没有一个举动可以药到病除时，切记此刻的一举一动未必有积极效果。当你无法理清头绪，不知何种处理方式有利于自身时，只需牢记你的感觉。

这情形如同有人说："我刚刚跳下了飞机，可我没有带降落伞。我该怎么办？"一般在这种情况下，没有一个行动或想法可以取得显著效果，改变即将到来的结果。与此类似，有时你找不到一个有效的行动，也没有足以改变一切的想法。

但是，如果你理解了持之以恒的思想所拥有的巨大影响力，你会自如地通过情绪的引导选择你的思想，通过关注积极情绪，可以轻易地将你的生活变为愉悦的经历。如果你能在自主选择的思想中找到些稍微的放松，解决之道的大门便缓缓开启了。

有时，你无法确定下一步的方向，甚至无法确定内心真正的渴望，但是，你永远不会忘记自己真切的感受。你知道自己愿意快乐而非痛苦，活力而非疲劳，热情而非冷漠。你知道自己愿意多产而非低产，自由而非禁锢，增长而非停滞……

行动常常无法弥补不一致的思想，但是，当你能够自主地决定自己的思考方向，控制了自己的感觉方式，你会发现思想的强大影响力。**如果你能更自如地控制自己的思想，就能够随心所欲地控制生活。**

快乐才是王道

自主思考并非难事。你很关注自己的衣食住行，而学会自主地关注令你愉悦的话题所起的作用，远比饭菜、车辆、服装的选择大得多。

当你阅读本书时，你感觉到与能量的应和，当你感受到负面情绪时，你便意识到受了思想的重要引导。你陷入负面情绪时，绝不会不知道你正在吸引令你不快的事物。意识到情绪及其引导作用十分重要，因为即使你不了解负面情绪的含义，依然会吸引负面之物。所以，了解自己的情绪将会令你掌握生活。

当你情绪低落时，不妨停下来对自己说：**“快乐才是王道——我希望保持愉悦的心情。”**你将找到积极的情绪，它又会吸引一个又一个类似情绪。当你养成了寻找积极思想的习惯时，你的环境必然会大大改观。吸引力法则正是如此。当你心情愉悦时，幸福之门将为你敞开；当你郁郁寡欢时，生活之门便会缓缓地关闭。

当你情绪低落时，你处于拒绝你渴望之物的状态，这一拒绝会对你产生影响，它将影响你的身体健康，影响着足以进入你生活的美好事物的数量。

通过你在生活中对积极面和消极面的关注，你得到了一张**振动支票**。它为你提供你的渴望之物，但只有你发出的振动频率与其接近时，才能在生活中真正得到。除非你在它们尚未显现前，就寻找到有关它们的愉悦感，否则，你只能眼巴巴地看着它们在门外，而无法打开大门迎接它们。然而，当你开始寻找它们的积极面时，这扇门终将打开，你渴望的每件事也会涌入你的生活。

锦上添花花自来

不管你的注意力何在，当你自觉地寻找积极面时，你发出的振动也调整到了更为积极的波段。当然，你也会调至消极波段。许多人因为来自父母、老师、同学的负面对比而不断在自责中挣扎，自我否定对人的积极吸引能力的危害最为巨大。

因此，选择一个给你带来较少消极想法的主题，你可以调整到更积极的频率。从愉悦状态出发，当你重新调适对自己的想法，你会发现，其实自己的优点也不少。**当你发现周围更多的积极面，你也会发现自己更多的闪亮点。一旦如此，发掘生活中的积极面也将易如反掌。**

当你自厌时，又会发现其他缺点。你会说："坏了，更坏了。"但是，当你自觉寻找自己的积极面时，你会发现更多优点："好了，更好了。"

我们不能过分强调寻找积极面的价值，关注更多的渴望之物，因为靠近你的每件事依赖于一条简单的假设：**不管是否如你所愿，积极思考越多，获取越多。**

我的宇宙正负平衡

你是生活的创造者，或者说，**你是生活的吸引者**。所谓创造并非只是吸引目标，不断追求和达到目标。创造是关注内心的渴望，将你的思想调整到你所渴望经历的各个方面，允许吸引力法则将其带入你的生活。

不管你在回忆往事、想象将来或者思考现状，你都提供了思想——振动，吸引力法则会对其作出回应。你也许会将思想理解为**渴望或信念**（信念只是一种长时间的思索），无论在何处，你的注意力均会形成吸引点。

因为每一主题皆有两面——**渴望及其匮乏面**——当你相信自己关注于积极面时，你很可能在关注消极面。人们会说："我想要更多的钱。"但是，他们心中实际所想的是他们拮据的经济状况。生病时，人们常常会谈到对健康的渴望。他们对令人不快的论题的关注促使他们关注自己的渴望。在大部分情况下，即使他们所说的似乎是在关注自己的渴望，实则恰恰相反。

当你谈话时，只有自觉地意识到自己的感觉，才能判明你所吸引的是积极事物还是消极事物。也许你所进行的吸引过程无法立刻见效，你的所思所想不断汇聚你的思想、振动、能量；最后，结果将会十分明显。

我的宇宙回应我的注意力

许多人一厢情愿地认为：宇宙对其言语的回应类似于周围人对其言语的回应。当你向某人打招呼："嘿，来我这儿。"他肯定会过来。当你说："不要过来。"他当然会走开。但你生活在一个相互吸引的宇宙，那意味着没有"不"。

当你关注于你喜欢的物品并说道："嘿，来我这儿。"你在所发出的振动中包含了它，吸引力法则就开始产生作用了。但当你看到了令你不快的事物并说道："不，我不想要，快离开！”宇宙也开始吸引了。**你的注意力在此，因此你发出的振动与其一致，也带来了回应。**

当你说：“健康，我寻找你……我渴望你——我在健康的想法中。”你正在吸引着健康。但是当你说：“疾病，我不想碰到你。”你就在吸引着疾病。当你说：“不，不，不。”它反而会不断地向你靠近、靠近。因为你越是排斥你所讨厌的，越被其笼罩。

人们常常认为，只要找到志同道合者、修得完美的体重、积累足够的财富，便一劳永逸了，他们也将找到最终的幸福。但是，宇宙中没有一处地方只有积极面存在。积极面和消极面（渴望的和厌恶的）存在于宇宙的每一微粒之中。作为创造者、选择者、定义者、决定者，当你寻找积极面时，它就会在你生活中的各个方面出现。你不必等待完美生活显现时方才有积极的回应，你可以积极地训练自己的思想和振动，成为创造者。

我们鼓励你每天做此陈述：**今天，不管我去往何方，不管我做什么，不管我与谁共事，我都要寻找我希望见到的。**

记住，每一个清晨醒来，便是你的再次新生。当你睡觉时，所有的吸引便停止了。几小时的睡眠（那时你的意识不再吸引）带给你全新的开始。因此，除非你一大清早便继续昨天的烦恼，否则，在你新的一天、新的生命的开始时，没有任何烦恼。

感觉愉悦吸引愉悦感觉

一位妇女告诉我们：“最近我有三四个节日宴会，我一听到消息，就情不自禁地想，哎，玛莉也会去，她一定光彩照人。我立即有了开始和别人攀比的想法。我真希望可以停止胡思乱想，安心享受宴会，不管有谁在那儿。你能指导我用正面思维法和正面思考解决这一问题吗？我真的不愿参加这些宴会。”

我们解释如下：当你考虑到参加宴会时，你不自然的感觉被放大了，你的不安并非由宴会或玛莉导致。当我们考虑和他人的关系时，总是复杂得很，有时甚至可以追溯到童年，其实没有必要这样做。从你此刻的状态出发，你完全可以找到积极面或消极面——思考想要的和不想要的——不管你立刻开始，或在参加第一个宴会的几天前开始，或者等到宴会开始时，步骤均一样：**当你关注其中时，寻找积极面。**

因为你对自己的心理活动更容易控制，在你涉足其中之前，更容易发现该情景下的积极面。如果你想象着你期望的场景，对即将到来的情况积极回应，当你参加宴会时，你前几天的观念控制将会发挥效力。

你不可能同时既高兴又悲伤，不可能同时关注想要的和不想要的。在参加宴会之前，如果你将思想集中于你所见的和渴望的，吸引力法则将会带给你喜悦和愿望。

如果你希望这次的宴会与从前宴会相比，能有不同的收获，你必须讲述不同版本的自己。你以前的版本也许是这样的：“我之所以被邀请参加宴会，皆是因为我同伴的关系。我在宴会中似乎无足轻重。我与周围的环境格格不入，我对他们感兴趣的话题一窍不通。我是个局外人。玛莉可不像我一样，她的举手投足都散发着自信心。在玛莉面前，我总是相形见绌。我讨厌这样。我真希望我没来。”

再来看另外一个版本，你也许会是另一种感受：“我的同伴受人尊重。她的公司为职员提供了很好的交流机会，而且可以携带家属。我不用对他们的工作进行讨论。实际上，这个晚会更适合享受别的事。”

“生活远比我丈夫的办公时间大得多。我从来没有陷入他们的工作困境，对他们来说，我就如一阵新鲜空气。玛莉表现很友好。她显然没有陷入办公室政治或问题中。看着她真有趣。她的衣服在哪儿买的呢，穿起来很合身的样子。”

你明白了吗？你不必列出令自己感到不安之处，并利用办公宴会解决它。只要关注积极事物，感受心境的变化，玛莉或许会成为你的朋友。在任何情况下，一切取决于你和你使之实现的振动。

我如何不再为他们悲伤

杰瑞问过我：“大部分时候，我之所以不安，是因为看见了别人的痛苦。我该如何使用正面思维法，使我不再因他们而痛苦？”

我们解释：不管你关注什么，它既有你想见的，也会有你不想见的。你的痛苦并非因为你看到了别人的痛苦，而是因为你只看到了其中导致痛苦的一方面。两者大相径庭。

当然，如果这个人满脸笑容，你会很容易感到快乐。但是，为了控制自己的感受方式，你不应该依赖于环境的变化。无论外界如何，你必须具有关注积极面的能力。为达到此目标，必须记住：每一个论题皆有积极面和消极面，只要你主动寻找，一定可以发现阳光。

当然，思考眼前的场景要比想象渴望简单得多。然而，当你确实心情愉悦时，就不会单单是被动的观察者，因为你对快乐的渴望唤起了寻找积极面的热情。你越是关注快乐之物，吸引力法则越会带来令人愉悦之物，直到你完全进入积极状态，并忽视与其不符之物。

我们建议一位母亲无视儿子的问题，这位母亲问道："他会不会觉得被放弃了呢？我不应该帮助他吗？"

我们认为，关注她儿子生活中的积极面并非是所谓的"放弃"，放弃令你不快的思想有着巨大的价值。我们说："仅仅倾听他们的抱怨和问题，你就无法帮助他们。通过想象你儿子生活中的进步，你会帮助他不断为之努力。你只需在远方静静等待，带他走向圆满幸福。"

当你自觉地希求快乐，关注所思所想，你会发现，越来越多的论题为你带来了类似的思想与快乐。你可以为更好地和他人互动（不管好坏）做好准备。因为你渴望愉悦，你会以你的视角与之互动。不管他们处境如何，你都能更容易地靠近他们处境中的积极面。如果你无法掌握振动，不能持之以恒地关注愉悦及其振动，你也许会卷入他们的困境，并因而烦恼。

我们再强调一次，你并非因其处境而感受到他们的痛苦，你的思想带来了你的痛苦感受。对这类知识，你完全可以自控，并运用自如。当你可以控制自己的所思所想与感触，那么，你在这颗星球上便是"快乐由我"了。当你相信感触源于外界的情形与行为——知道自己无法控制外界的形势——你自然无法感受自由的芬芳。实际上，那正是你所描述的痛苦。

我的同情不值一文吗

杰瑞告诉我们："当我的注意力从处于困境的人那里转移，我就不会感受悲伤。但是，这依然对他们无所帮助。也就是说，我并未解决问题，而是在回避问题。"

我们回答：如果你不关注他们的困境，你可以继续保持快乐，但问题依然存在。不过即使你关注困境，觉得不安，他们也会继续情绪低落，因为他们依然处于困境。如果你继续关注困境，也会同样陷入困境；然而，如果你不再死盯着他们的问题，而是试图想象他们积极的成果，你就会情绪饱满——而你的情绪也会带给他们更加积极的成果与想法。

当你处于负面情绪之时，你对别人并无丝毫价值（你也无法提供解决方案）**，因为你的负面情绪表明你正关注于匮乏，而非你的渴望。**

如果某人处境糟糕，他们令你笼罩在巨大的负面情绪之中，如果你无法自觉地保持与愉悦情绪相一致，就很可能会被卷入其中。你也许会成为他们痛楚链的一部分，同时将消极情绪传染给别人。

如果你在每天临睡前对自己说：**"今晚，当我睡着了，一切吸引都将会停止，明天又将是新的开始。明天我会寻找我想见的，因为我心情愉悦——愉悦才是一切！"**当你隔天醒来之后，一切重新开始，没有了昨日的阴影。当你上班时遇到一位愁眉苦脸的人，你不会成为痛苦的一部分，反而会提供快乐，因为你的感觉会发出振动。

现在，不仅你会开心，别人也会分享你的快乐。实际上，当你的感觉和别人感觉大不相同时，你很难与之交流。如果你保持积极情绪，他们会立刻受你的感染，他们发出的振动也不会影响到你。只有当你不断关注满腹牢骚者时，他们才会在你的生活中不断出现。

如果你和另外两人沿着山边行走，你不小心落在了崖边，被一根细藤挂着。你的一位朋友强壮而步履坚实，另一位朋友则笨手笨脚，你更愿意哪位在场？寻找积极面和选择朋友一个道理，它发自你的内心。当你持之以恒地与愉悦相一致，宇宙中的大量资源终将为你所拥有。

对他人的同情意味着关注他们的处境，并与之感同身受。而每个人均有感觉快乐或糟糕的可能——渴望的成功实现或失败——你可以选择感受他们的任何一面。我们鼓励你选择他们令人积极向上的一面，这能影响他们积极地看待生活。

当别人感觉受伤时，自己如何不受伤

有人问："如何恰当地结束和某人的关系，即使别人受伤，自己也不会受伤？如果你决定分手，别人却不甘心，他便会很受伤，在这种情况下，你该如何保持平衡？"

我们的意见是：当你以别人的感受决定自己的一举一动时，将会变得无助。因为你无法控制别人的观点，也无法在你的振动吸引点上获得长足的进步。

如果你尚未做足功课，关注你的渴望并明白其缘由，即使你采取了断续关系的举动，这类举动只会给你带来不安。即使和朋友关系结束后又孤单一人，又或交到新朋友，这些负面振动也不会允许快乐进入你的生活。你不如找到你的振动平衡后再采取行动，否则只会带给你长期的不安。

你觉得关系不好，才会分手。你觉得分手后，你有更多快乐的机会。但当你告诉他时，他却十分不高兴。现在，因为他不高兴，你也不高兴了。

你可以选择保持现状，并说："别不高兴了，我只是开个玩笑。"但这一切是你们两人都不高兴所引起的。你决定分手，这令你的朋友更不高兴。当你收回你的决定时，你的朋友不像平常那样不高兴了——但你们两人不是都高兴。除了事情曾有一点恶化之外，几乎没有任何改变。你仍然对这段关系感到不满。

另一个选择是坚决离开。你可以关注这个关系带给你的尴尬之处，用这些为你的离开辩解。对负面事物的关注，给你带来了离开的勇气，但你并不会有很大的改善。一旦你希望通过分手来减少痛苦，你会觉得需要不断地分手，你依然不快乐。即使你已经从令你不快之物中走开，依然觉得烦恼。

实际上，你无法阻止别人情绪低落，因为他们之所以情绪低落并非你的原因。人际关系中最大的失败莫过于：通过察言观色并辅之以行动来使别人高兴。

你惟一的快乐之道便是快乐地生活。当你担负他人快乐的责任时，无异于竹篮打水，而且自己也会陷入紊乱状态。

现在让我们考虑正面思维法和积极面：待在原地，不要盲目做出巨大变动。如果你们一起生活，继续如此。这次改变的是你的思想而非你的行动。这些步骤帮助你关注不同的场景，给你讲述不同的人际关系、生活，让你比以前更积极，更乐观。

例如，之所以要分手是因为我发现这关系令我不快。当我想到分手，我意识到我会带上自己——如果我分手因为我不快乐，我会带上不快乐的自己。我要分手是因为我希望拥有更美好的生活，而如果不分手，我也许就没有美好的生活。我不知道我们现在的关系是否有令人愉悦的时候。

我记得和他见面时的感觉。我记得这个人对我的吸引力，并渴望我们能够有更多的愉悦感觉。我怀念当初的关系。我觉得相处越久，越意识到我们并非天生一对。我不觉得这是失败，性格不合并不意味着我们当中有人错了，它只意味着我们也许会有更适合的一半。

这个人的许多品质都值得人欣赏：聪明伶俐、兴趣广泛、幽默风趣……我很高兴遇见他，我相信我们在一起的日子对双方都有价值。

所以，我们对你问题的回答如下：**你无法通过改变行动而控制别人所感受到的痛楚。但是，你可以控制自己的痛苦，通过引导你的思想降低你的痛苦，并被愉悦感所代替。当你关注你的渴望，你总会感觉到愉悦；当你关注于渴望之物的匮乏，你会感觉忧郁。**

你的行动导向令你觉得必须立即解决所有问题，而你的朋友却不能立刻恢复。你的朋友之所以如此，也不是由你导致。这是一个长期的过程。动量在其间不断聚集。因此，不要幻想你的谈话可以令一切即刻改观。可以视你自己为播种人，撒下一粒坚强、强壮的种子。你细心培育，用言语精心浇灌，即使你离开后，这粒种子也会继续开花结果。

也许你有许多关系不适合继续，但是愤怒、羞愧无助于走出这种关系。调整你所发出的振动，保持愉悦，然后再离开。

这样，接下来的生活便不会重蹈覆辙。

无须为别人的生活负责

别人的生活经历，你不必为之承担责任。视其刚走出匮乏，而且他们的生活会欣欣向荣——你会觉得比较愉快。在睡觉时，你还有可能激发他们向上。当你想起他们时，想着他们的笑脸。不要在心中重复悲伤的对话，想想他们和你一样向着幸福生活前进，**相信他们的引导可以助其找到正道。**

许多人常常希望帮助别人，他们相信，**别人需要帮助是因为他们无法自助。**这类看法对他们是有害的，因为在其内心，他们知道自己可以达成所愿。

你可以对你的朋友说："你真是了不起的人物。尽管我们不能继续这段感情，但我相信，一定有更完美的人在等着我们。去寻找吧！我不希望你一直围绕着我。我希望彼此可以寻找自己的渴望。我不是想和你就此断绝关系，我只是说：'让我们的关系有个新变化，从激情和积极的渴望出发，不受过去事情的困扰。'"

你还可以说："虽然你现在满腹忧愁，但一定会守得云开见月明。我希望你开开心心，因为我更喜欢这样的你，你也会更喜欢这样的自己。"

这似乎听起来冷酷而艰难，但是别的办法未必行得通。

聆听引导，达致愉悦

在任何绝境之下，你均有回天之力。不管形势如何恶劣——你都可以关注于其中的积极面。惟一阻挡你的也许是一

些旧习惯，又或是他人的强烈影响。

大部分人依靠习惯行动，习惯常常根深蒂固。只要你在睡觉时采取正面思维法，以寻找最近的愉悦之路，次日醒来，你已经在渴望的方向中。在睡觉前保持愉悦，享受睡眠带来的平静，次日醒来，神清气爽，你最终可以完成真正的回天之旅。只要依此实行几日，你的思维习惯和吸引力将会有巨大的改变，你也会发现，生活中各个方面正以不可思议的速度发展。

去玩虚拟游戏

我们鼓励你积极地看待事物，无论处境如何。常常有人会问：如果有人丢了工作，又要养活妻子和五个孩子，他的房租只剩两天就到期了，却没有钱交，他该怎么办？如果有位妇女被盖世太保抓住了，准备将其投入毒气室，她该怎么办？这些人如何回天呢？

对于这类问题，我们常常如此回答：这就像你从6000米高的飞机上跳下，却没有带降落伞，你问："现在我该怎么办？"一般说来，这类似乎绝无生还可能的极端情形你没机会遇到。然而，即使是这些极端情形，既带给你灾难和悲剧，也带给你能量。通过恰当的关注，你也会找到办法，而在外人看来，那简直是一种奇迹。

任何困境，你都能找到积极的解决方式，但是，为了取得成功，你必须高度集中思想。在这种情况下，大部分人无法达到这种程度的集中——那正是他们一开始便陷入困境的原因。

当你处于极端情况下，你的力量来自内心。由于你愿望之强将会令你停滞，如果你集中精力，就会取得大幅度提升。病人的位置比别人更好，是因为他们的渴望被放大了。但是，除非他们可以回天（将其注意力转移到健康而非远离对疾病的注意），否则终将失败。

我们鼓励你玩虚拟游戏时，寻找积极面。不是在社会中寻找现实的例子，说明弱者无法控制他们的生活环境，讲述一个给你带来赋权的版本。不是讲述一位无助的受害者的版本，并放大你作为受害者的感受，而是讲述另一个版本。

例如，如果这位妇女在盖世太保来之前已知道几星期之前发生的大屠杀呢？如果她和其他村民已经离开了村子呢？如果她对此并不畏惧呢？如果她在两周前已经和她的叔叔婶婶及姐姐移居国外，当盖世太保敲门时，她已不在了呢？

始终寻找渴望之物

天无绝人之路，没有无法跳出的困境。实际上，你的身边有成百上千的选择机会。但是，习惯使然，许多人选择了不利的一面，直到发现自己陷入了困境，而且已经无路可退。

当你的意识不断寻找幸福、成功、快乐的迹象，你发出的振动也会调至这类状态，这类愉悦感也会充满你的内心。今天，不管我自何处行，不管我在做什么，我始终在寻找我的渴望之物。

当你顺遂生活之流，成为一位有意识的和积极的贡献者，你将在你的世界中发现勃勃生机和愉悦。如果你在你的世界、国家、邻居、家庭、身体中发现了不愿看到的事，你也知道自己有讲述新版本的自己的能力，这会产生巨大的威力，你将会步入自己的知识殿堂，特别是在决定了与你的世界共舞之后。

你无法超脱现在的地位，但是你有表达你所向往的生活的能力。当你有意识而自主地实践时，将会发现，你的能力将在你的渴望之物中出现。

当你祈求愉悦时，当你有意识地在日常生活中寻找事物的积极面时，当你不断关注内心的渴望时，通向永恒愉悦的道路将向你打开。

这些步骤简单易行，但不该因其简单而低估它们的威力，持之以恒地运用，你将发现思想与创世能量的强大威力。

第二章

吸引财富，显示富足

信念就是始终如一的思想。信念，是思考的长期结果。只要你倾注精力，完全可以开始新的类型，讲述新版本的自己，获得不同的振动，改变吸引点。

吸引财富和显示财富

虽说金钱不是万能的，大多数人则认为，没有金钱是万万不能的，金钱更是通向自由的保证。因为每个人都强烈地渴望着自由，自然而然地，金钱在每个人的生命中占有举足轻重的地位。因此，每个人对有关财富的话题都有着强烈的兴趣。

虽然有些人可以在生活中挥金如土，但更常见的情况乃是财富的匮乏，大部分人也感觉不到自由。本书的目的乃是说明为何财富不平等，你也可以得到你所渴望的富足。当你阅读这些文字，并与天地之理契合时，你将与你对富足的渴望合而为一，你的新结合很快会显示出生活中的新气象。

不管你是已经为富裕奋斗多年的中年人，还是刚刚步入工作的年轻人，财富之路近在咫尺。向前一步并不需要大量的时间或体力，我们将以简单易懂的方式教你如何运用你所蕴藏的能量。我们向你表明你对财富的想法、你对这些思想的感受，以及你生活中所赢得的财富，三者密切相关。当你能有意识地利用这种关系，当你决定依之谨慎控制你的思想，你必将集天地之气于一身，你也会发现财富上的成功与时间和努力的效果并不一致。

我们从一个简单的假设开始：人之所得，源于所想。人们常对我们说："这不可能是真的，因为我一直希望拥有更多的金钱，但我还是那么穷。"如果你想改善你的财政状况，我们告诉他们的对你同样有效。

财富的话题有两类：（1）财富，大量的财富以及由之产生的自由和舒适感；（2）财富的匮乏、财富的不足以及由之产生的恐惧和失望感。

许多人误以为将"我要更多的钱"挂在嘴边，就是积极地看待金钱。但是，当你谈及金钱时，你感觉到了内心的恐惧和不安，因为你其实是在谈论金钱的匮乏。这之间的区别非常重要，因为前者吸引金钱，而后者则将其拒之门外。

自觉意识到你对财富的所思所想对你极其重要。如果你暗地里想："那衣服真漂亮，我可买不起。"你发出的振动就无法与渴望的财富相契合。由此产生的失落感表明，你的思想更关注于匮乏，而非渴望本身。**当你承认无法购置某物时，你的负面情绪是认识你的思想平衡的一种方式，富足感则是另一种感受思想平衡的方式。**

许多人之所以对他们的生活"不满意"，只是因为他们的想法未能超脱。如果他们生活拮据，自己也意识到了，并经常挂在嘴边，他们就是为自己带上了镣铐，生活也不会有起色。因此，当他们解释并讲述期望的财富故事，便会扭转困境。许多人提出异议，因为他们相信应该对生活抱着实际的态度，而非沉迷于幻想。

但是，我们要你明白，如果你整天以现实眼光打量和谈论事物，那么就绝不可能实现愿望。也许你周围不断有人事变换，但自己的生活依然枯燥无味。如果你希望生活有实质性的变化，必须全面改变振动，以全新的思维感受世界。

生命中的真正成功

杰瑞：许多年前，我在得克萨斯州的艾尔帕索开了家旅店，一天，H.L. 亨特来拜访我，当时他是美国屈指可数的亿万富翁之一。他刚刚收购了一家位于瑞古兰登的刚倒闭的小旅店，特意跑来向我咨询一些策略。

当我们在我的小咖啡屋碰面时，我几乎没法认真谈话，因为我一直在想，为何他如此富有了却依然不满足，并要寻找更多的赚钱方法？他为何不卖掉房产，享受美好的生活呢？

我还有另一位朋友也是亿万富翁。我们曾在巴西里约热内卢的海边一起散步。他向我倾诉他遇到的经营困境，我真没有想到他也会有这方面的烦恼。但是，亚伯拉罕，从你那里，我意识到了生命中的真正成功并非是你的金钱或房子、车子，对吗？

首先，我将找到我的振动平衡

亚伯拉罕：你所拥有的和你所做的，均会加强你的存在价值。一切均是你的感触，你的感触皆在真我的结合中产生。当你结合之时，你的一举一动均会加强你的愉悦感。但是，如果你不是先找到振动平衡，希求更多的满足、更多的活动来获取身心的愉悦，你就是缘木求鱼。

我们不是让你安于清贫，或是离群索居，毕竟对财富和活动的追求乃是人的本性。为了让你决定自己的愉悦，你会有意识地探索物质世界的种种细节。但是，当你的立足之处不稳，就会一直不舒服。**确定内心的感触，让源于内心深处的灵感不断积累，你不仅可以保持平衡，还将从中获得无穷的乐趣。**

许多人因为匮乏而产生了渴望，很多时候，他们对某些事物的渴求仅仅是未曾拥有。因此，一旦拥有，也不能获得内心深处的满足，因为总有一些事物是他们未曾拥有的。这种挣扎永无止歇：因为我尚未拥有，便有渴望。他们以为得到便会填补空虚，但是这与吸引力法则相抵触。

因匮乏而导致的行动通常适得其反，还会使人感觉更加匮乏。人们的空虚之感不会因行动而满足，因为空虚感源于他们的渴望和长期思维习惯间的振动紊乱。

提供令人愉悦的思想，讲述一个新版本的自己，寻找积极面，扭转为你真正渴望的主题，寻找光明的未来——这些才能填补空虚。如果你切实实行，你的生活将会趣事连连，你的渴望之物将陆续进入你的生活，但是这些事物并不会填补空虚，因为你已经不再空虚。

当然，你的生活还会更加精彩。我们的讯息并非让你停止渴望、拥有或追求，我们希望你怀着愉悦的心情去渴望、拥有和追求。

财富或清贫并不通向快乐

杰瑞：亚伯拉罕，人们常说财富并不带来快乐。另一方面，我也注意到，清贫也不一定带来快乐。如果取得某些目标给我们带来快乐，是否意味着取得成就就是个恰当的目标呢？当一个人花了大量的时间和精力达到目标，它如何保持快乐呢？这有些类似于登山，达到一个目标休息一会儿，接着又向下一个目标进发。

一个人如何能不断向着目标攀爬而保持愉悦，而非挣扎、挣扎、挣扎："哇，我到了！"但过了一会儿又是挣扎、挣扎、再挣扎："噢，我又到了！"

亚伯拉罕：你说得很对！如你所观察的，清贫不一定通向快乐，财富也不能带来快乐。

你必须时刻牢记：当你刻意追求快乐时，实际上离快乐又远了一步。当你将全身心投入令你愉悦之物，一旦你从容地达至快乐，不仅各类创意被激发，还有美好的结果随之而来。

大部分人将他们的注意力集中在正在发生的事情上。如果得偿所愿，他们会心情大好；如果不尽如人意，则会怨天尤人，但那是生活的另一面。如果你双眼只盯住现实，那么一切都不会改变。为了更美好的生活，你必须学会乐观地向前看。

当你学会从容地关注美好的事物，就不难发现：在达到目标之前，快乐已经到来。你所描述的挣扎之所以发生，正是你在目标和现状之间不断对比的结果。当你不断测量里程，注意到你要行驶的距离，你就扩大了距离、任务、效果。正因如此，达到目标才像一次痛苦的登山一样。

当你关注自己的感觉，选择由此产生的思想时，你的思想也会更加积极向前。当吸引力法则对美好的思想作出回应时，你的成果将会更加显著。**挣扎、挣扎、再挣扎的结局并不美好，它违背了法则，"当我到了那儿，我会高兴"是个**

无效假设，因为除非你心情愉悦，否则你永远无法到达理想之境。

我是快乐的创造者

亚伯拉罕：在这儿，你不是积累者或复述者，你是创造者。当你远眺终点时，就会夸大你和终点间的距离。这类思维习惯不仅阻滞你的创造进程，还能使其与你分离。**你是自身经历的吸引者。当你寻找积极面，努力体味愉悦，将会有更积极的吸引，你的愿望也会更快地实现。**

一位雕塑家的快乐并非源于已经完成的作品，恰恰相反，正是创造过程带给了他快乐。我们也希望你对自己生活中的创造持此观点：**连续而快乐地孕育生活**。如果你全身心投入美好事物，时刻保持愉悦状态，那么，你就会吸引更多的渴望之物。

有时，人们会抱怨不公平——保持快乐，令人愉悦之物才会随之而来。他们相信，当其不快乐时，才需要快乐。当他们快乐时，快乐之事就无所谓了，但是这违背了吸引力法则。**你必须感受到渴望的实质，具体之物才会向你而来。在富裕来临之前，你必须感到自己富裕至极。**

人们常常祈求发财，当我们问他们对金钱的全面看法时，他们纷纷称对金钱有积极的态度。但我们稍稍问得深入些，他们立刻露出马脚。我们问他们付账单时有何感触时，他们意识到，虽然自己也应对此积极看待，实际上则有忧有惧。也就是说，人们常常没有意识到这点，大部分的思想均在于金钱的不足一面，而非富足一面。

最需要钱的人将最远离钱

杰瑞：亚伯拉罕，在我帮助人们致富时，有一个现象令我特别失望。那些最需要钱的人利用我的教导时效果甚微，那些不太需要钱的则会大获成功。这让我大惑不解：那些需要金钱的人通常会加倍努力，他们理应获得成功。

亚伯拉罕：任何处于匮乏状态的人，不管他们如何做，总是在吸引匮乏。他们的感觉胜于行动。**匮乏之人的举动通常适得其反**。那些觉得没有需要的人，通常不会处于匮乏状态，所以，他们的行动富有成效。你的体验和吸引力法则完全一致，宇宙中万事万物都遵循这一法则。

杰瑞：我也注意到，那些经济不成功或对成功不甚感兴趣的人，之前被灌输‘对金钱的渴望是邪恶或不道德的’的理念，最好的办法是任其自便。

亚伯拉罕：许多人已经到了无欲无求的境地，多半是因为他们渴望、渴望、再渴望，但却不懂得每个论题都有两面。他们过度关注于所匮乏的而非渴望之物，因此，他们不断吸引匮乏。最后，他们精疲力竭。当人们将渴求和未曾拥有相连，渴求就成了一种痛苦的体验。他说：“我无欲无求，因为我每次一有所求，心里就不舒服，还不如回到以前的状态。”

如何人穷志不短

杰瑞：如果有人将自己和你对比，认为你比他穷，但你人穷志不短，你绝不会陷入匮乏，而且可能致富，对吗？

亚伯拉罕：说得很对。别人对你的评价并不影响你的吸引力，除非你为别人评论而烦恼。俗话说：人比人，气死人。你会因此觉得别人比你更成功，你的“匮乏感”也会更强烈。同样，觉得别人不如你有钱，也不会为你吸引更多财富，因为你的所得源于所想。

你吸引或排斥某些东西，与别人所作所为毫无关系。**即使现实很糟糕，富足感依然会带来富足。相对于攀比他人，关注你对金钱的感触则更有效。**

让更多财富涌入你的生活，并不像一般人所想象的那样困难。如果你渴望财富却将信将疑——你会心态失衡；如果你渴望财富却嫉妒富人——你会心态失衡；如果你渴望财富却自觉毫无出路——你会心态失衡；当你自觉不平等、不安全、嫉妒、不公、愤怒等，你的情感引导系统提醒你正偏离自己的渴望。

大部分人对自身与财富的真正结合无所用心。他们长年累月甚至一辈子指责不公正，试图分出对错，尝试立法合理分配财富。其实，相比于这些注定失败的努力，一点点恰当的努力便会给他们带来巨大的回报。

没有什么比保持心情愉悦更重要，当你心情愉悦时，自然一帆风顺。许多人相信勤能补拙，笨鸟要先飞，又觉得刻苦勤奋的过程太难熬，永无出头之日。艰苦的努力当然助你意识到内心的渴望，但只有苦中作乐，放下包袱，才会梦想成真。

许多人觉得只有证明了自己的价值，完成了目标，奖励才会从天而降。但是，我们希望你明白自己的价值，而没有任何必要去证明给别人看。你只要扯住渴望之物的本质，并与之结合，应能得到想要的。你必须首先改变你的振动，使之契合你的理想生活。

我们知道，文字并不能直指人心。我们告诉你宇宙法则的知识和对你的价值，并不意味着当你读完这些文字，你就能发现自己的价值。然而，当你能仔细思考我们所说的并应用于生活时，我们相信，宇宙对你的振动作出的回应，会显示此类法则的存在。

过不了多久，你就可以确信自己的价值，还有强大的创造力。人们之所以不相信自己的价值，多半因为事事不如意，因此误以为是有人从中作梗。此乃大谬。

你是生活的创造者，努力提出如下目标：我要做最好的自己，我希望所作所为皆秉持善念。我希望身体健康，此乃幸福之基。如果你立下目标，并心情愉悦地践行，必然有更大的收获。

我的财富

亚伯拉罕：对匮乏的信念使得许多人远离了他们渴望的富足。当你相信财富是固定的，你的财运也不佳。当有人比其他人更富有时，你会感到不公平。你觉得他们富有了，别人的富运就被剥夺了，孰不知，此刻，你又拒绝了财富。他人的成功不能让你损失什么，相反的是，你由此产生的负面情绪和你对自己匮乏的关注应当为此负责。当你指责别人不公正、铺张浪费或吝啬至极，当你觉得环境太差时，你便自我否定了向上的潜力。

别人的富有或贫困与你毫不相关。真正影响你的生活的是你对无形能量的运用之道。你生活中的富足或贫乏与他人的行

为并无关系，它只和你的视角有关，只和你提供的思想有关，如果你想改变命运，你得讲述一个新版本的自己。

许多人乐于批评富人——他们拥有大量的房产、财富。这类批评等同于承认自己的匮乏。他们追求快乐，并相信只要不求有功，但求无过，便会更快乐。但他们常常期望落空，因为对匮乏的关注使得匮乏继续。如果他们无欲所求，别人的成就不会让他们郁闷。他们的批评只能使其偏离心中的渴望，陷入振动紊乱。如果有陌生人给你打电话：“你好，你不认识我，但我来打电话告诉你，我再也不会给你打电话了。”你不会因为他的消失而有负面情绪，因为你从未希望他在生活中出现。但是如果有位朋友对你如此，你会产生强烈的负面情绪，因为你的愿望和新思想矛盾了。

当你对某事产生了负面情绪，这意味着你刚刚产生了一个愿望——它和你的思想相矛盾。**振动紊乱常常导致负面情绪，负面情绪可以帮你重新定向你的思想，从真我和内心的愿望出发，使振动平衡。**

如若穷人批评富人

杰瑞：当我还是小孩时，我和穷人待在一起。我们常常对富人冷嘲热讽，批评那些开着豪华轿车的。长大后，我也可以买凯迪拉克了，我却不愿意买，因为怕人们也会对我大肆嘲笑。所以，我开了个公认为经济型的奔驰。

最后，我说服自己购买了凯迪拉克。**嗯，买了这车，我可以让更多人有奋斗目标。我为许多人提供了工作——汽配、材料、钢铁、玻璃**……在反复考虑下，我才克服了障碍，我发现，一步步思考有助于我控制内心。当然，这只是我的一种选择。

亚伯拉罕：你的方法很有效。当你感觉不错时，会发现更加不错的想法，你会再次进入你的渴望，不再阻抑自我的发展。**专注于相反的观点没有任何用处，只会导致你的混乱，阻碍你的发展。总有人和你意见相左，你对他们的关注会偏离你的渴望。当你决定做一件事时，倾听你的引导系统，专注于内心感受。**

不管你如何选择，总有人对你表示不满。这也是我们反复说明，并希望你理解的，最重要的是要依从内心。如果信任自己相信自己已经十分了解生活，你可以信任你的引导系统对现在行为的反馈，尽情地利用它吧！

如果金钱失去价值

杰瑞：亚伯拉罕，过去，我们的金钱都是硬币，像 20 美元的金币，确实有足量的黄金，银币同样如此。因此，我们可以很容易地理解硬币的价值。但现在，我们的金钱并没有实际的价值，纸币和零钱都没有价值。

我觉得，钱币作为一种交换方式实在让人们受益匪浅，至少不用拿只鸡换牛奶或土豆。但是，现在我们的钱币只有账面价值，我们已经越来越难理解美元的真实价值。它让我意识到对自我价值的追求："我的才能价值几何？我的时间与精力价值几何？"通过你，我才知道可以换个眼光看问题。我们只要考虑内心的渴望并诉求。

我知道，很多人对未来的经济前景十分茫然，感到不能掌握自己的命运，就像美元的价值一样，显然只有少数人才可以掌握其命运。许多人担心通货膨胀或是经济大萧条。我希望人们可以记住吸引力法则，这样，就不会关心像美元贬值这种无法控制的事情。

亚伯拉罕：你的话可以说是一针见血，非常正确。许多人都注意到美元的账面价值和实际价值的分离。而这表明你还处于匮乏状况之中，它阻止你吸引财富。

我们要你理解，美元和其账面价值并没有你想象得那么重要。如果你关注于内心的渴望，从“是”到“有”，再到“做”，财富和其他你渴望的事物，均会源源不断地流入。

我们再次重申：在匮乏状况下，你无法吸引其反面。因此，你必须调整你的思想，使其与你内心同性。

你的每次思考均会发出振动，并吸引相同的振动。当你关注自身的匮乏，它的频率对你的本我何其陌生，自然无法共鸣，反而令你泛起了一丝酸苦。当你的思想积极向上、富足美满，它会与你的本我产生共鸣，你会感觉如沐春风。

你的情绪是你的指示器，当你信任它时，**不管是金钱或其匮乏，健康或其匮乏，关系或其匮乏，必会吸引你的渴望之物。**

扭转螺旋式储蓄数字下降

杰瑞：每当我看到别人遇到财政问题时，就会暗暗担心。我看到他们的储蓄数字不断下降、降、降，直到破产为止。但是，他们又很快翻身，又拥有豪华车、游船、豪宅。我发现没有人一直下降，但是，他们为何不会早点停止下降，并开始上升呢？为何在东山再起之前，他们不得不触底呢？

亚伯拉罕：不断下降多源于对匮乏的关注。由于害怕失去财物，或对正在失去之物过于关注，他们不断关注渴望之物的匮乏。由于吸引点在此，只能是不断损失。当他们觉得处于守势，或是开始判断，或找理由、抱怨，他们正在匮乏，并将吸引更多匮乏。

当他们有一天对所有了无牵挂时，注意力开始转变了，振动也转变了，吸引点也因此而变。触底之后，他们会开始向上看，形势迫得他们重新打造不同的自己。

你的生活经历令你祈求许多美好事物，它们正向你奔来，但是你的担忧、怀疑、惧怕、抱怨、嫉妒（任何的负面情绪），你的思想关注点令其远离。就像你招呼它们过来，却关上了大门。当你讲述不同版本的自己时，你会放松并注意到生活的阳光，当你更加明确地选择振动的愉悦端时，你的大门将会敞开，你将即刻淹没在你渴望的经历、事物和人际关系之中。

反战生战

亚伯拉罕：认识到自己在生活中的创造者的身份，并学会自觉引导思想，对许多人来说，都是一个挑战，因为大部分人相信：行动创造一切。你们不仅误信行动创造一切，还相信如果对厌恶之物施压，它们会自行离去。这正是为何有“对贫困的战争”、“对毒品的战争”、“对艾滋病的战争”、“对恐怖主义的战争”。

虽然你们认为施压会令厌恶之物离去，但这并非吸引力法则运作的方式，你的经历也不会支持你的看法，因为上述战争正在不断扩大。**对渴望之物匮乏的关注令其不断增长，并向你靠近，正如对渴望之物的关注令其不断增长并向你靠近。**

当你放松时，你自言自语：“我要寻找富足，我相信吸引力法则——我已确认我所渴望的，现在，我将全身心放松，允它进入。”你将梦想成真，如果你觉得财政拮据，则是在推开你的财运。当你对财运抱以轻松心态，你会允许更多富足流入生活。

当你看见别人更善于吸引财富，也许会心生嫉妒，那正是你的信号——你的思想阻止了你渴望的富足流入生活。**当你批评某人的财运时，你就是在推开你的财运。当你意识到别人对财富的使用与你无关时，只要你，做自己想做的事，不仅会获得财富，还会丰富生活的各个方面。**

一无所长也能成功吗

杰瑞：才华和能力对我们的成功有多大影响？

亚伯拉罕：很少，这些都是行动面，你的行动对你的经历影响很小。你的思想和语言塑造了你现在的生活。

杰瑞：那你觉得一无所长的人也能像他们期望的那样成为富人吗？

亚伯拉罕：当然，除非他们不断和别人相比，因此自惭形秽，觉得低人一等，被自己的负面情绪所打败。

最宝贵的才能在于迅速判断形势，控制你的思想，使其专注于内心的渴望。控制自己的思想有很多的技巧，也会产生丰硕的成果，那远非你的行动可以达到。

没有付出也有回报吗

杰瑞：人们应该摆脱“一分汗水一分收获”的看法吗？

亚伯拉罕：你对万物的知识源于生活，但你的生活本是你所思所想的结果，即使你对某物渴望已久，如果你的思想关注于匮乏面，它也不会出现。因此，通过生活经验，你觉得这是不可能的，一切都是徒劳。当你觉得世事艰难时，你的生活必定也会很艰难。

我们希望你理解自己内心深处的挣扎。我们希望你重新开始，并理解万事万物的法则。对宇宙法则的新理解和讲述不同版本自己的决心，将带给你不同的信念和知识，还有不同的结果。

你是宇宙的惟一，只有你可以评价自己，没有人可以决定你的命运、渴望，也没有人可以决定你的方向。

他们想要“天降财富”

杰瑞：许多人都曾幻想天上掉馅饼，可以帮助他们从债务危机或枯燥乏味的工作中脱身。我常常听人说，他们想要飞来“横财”。

亚伯拉罕：如果他们的期望适得其所，也许是条捷径。但大部分人与之相反，因此，他们的期望所处状态不佳。

杰瑞：幻想成功与期望成功有什么关系？

亚伯拉罕：幻想比怀疑更有效，期望比幻想更有效。

杰瑞：那他们该如何期望尚未在生活中出现的事物呢？如何期望尚未经历的一些事情呢？

亚伯拉罕：你不必有钱才会吸引钱，但你感觉糟糕时，绝不会吸引金钱。关键在于，在事情改变之前，你必须从当下状况入手，改善感觉方式：**将注意力从一团乱中解脱出来，讲述新版本的梦想，你的生活振动必会改变，你的吸引点必将改变，你的生命必将改变。**很快地，你得到了与之前完全不同的结果，你会拥有富足的信仰和知识，一切将会形成良性循环。人们常说“富者愈富，贫者愈贫”，就是这个道理。

寻找快乐的理由，确定你的渴望，使你的思想关注于美好生活。

体面生活不是“魔法”

亚伯拉罕：如我们解释的，你的生活是富足的，它是等待你挖掘的宝藏。我们知道，单单通过阅读，你无法直接拥有我们的知识。如果我们只让你盲目信从或“试着”理解，你也无法吸收，因为知识来自生活的积累。

你的信念是你长久生活经验的结果，我们知道，尽管你能拥有更积极的信念，也不能立刻放下成见，代以新的观念。其实，你无须放下成见，只要立刻开始去做下面的事，你终将打开一片新天地。那就是：**开始讲述生活中积极而令你感动的故事，还有你珍惜的人与物。**

不用自由换取财富

杰瑞：我知道这本书的名字虽是《财富吸引力法则》，实际上，还远不能吸引生活中的财富。小时候，我们一直严厉地打击犯罪现象，但是现在，犯罪行为比我们小时候更多了。我最近读到，在和平时期，我国的监狱人口比例是最高的。

我们一直与疾病作斗争，现在却有更多的医院和病人，此时的患病比例是最高的。

我们一直争取世界和平，反对战争，人们的欢呼还在耳边回响："现在终于和平了，难道不值得庆祝一番吗？"但是，我们还没歇上几口气，战争又来了。

我也常常看到儿童遭受暴力对待，还有其他不公正对待，然而人们越是反对虐待儿童，这种事越是层出不穷。

我们的所作所为似乎只有相反的效果。但是，国家在富足方面似乎依然大步向前走。我们如此富足，足以同全世界分享。比起小时候，现在的人们拥有更多物质享受，这也是一个大的变化。

但是，当人们不断追逐财富时，似乎是以更多的自由代价换取的。那些有空闲的人因为没有金钱而无法享受闲暇，那些有钱人似乎又没有空闲时光。我很少遇见既有钱又有闲暇时间享受生活的人。亚伯拉罕，你对我的这些感受有何见解呢？

亚伯拉罕：不管你关注于钱不够用，还是时间过得飞快，你都是在关注匮乏面，这说明你的情绪处于负面状态，内心其实在抵制这些渴望之物的到来。

当你觉得没有足够时间完成想做的事，你对匮乏的关注对你的影响至深。**压迫感是你的指示器，表明你正在排斥可以帮助你的想法。当你觉得时间紧张时，你会关注排得过满的日程，并觉得紧张，这是个恶性循环，你会发出振动，使得进展越来越慢，直到停止。**

你必须开始讲述新版本的自己，因为只要不排斥帮助，你就无须担心何时才能完成任务。你的指尖有宇宙的助力，比你想象的功效要大得多。但是，当你不断抱怨任务过重时，就无法享受这类助力。

当你觉得财政拮据时，你对匮乏的关注堵住了各类通道——你不可能关注于渴望的反面，结果却得到渴望之物。所以，你要重新打造一个新的自己。在财富降临之前，你必须创造富足的感觉。

当你对时间、金钱满不在乎，心绪平和时，大门将会打开。人们将会助你一臂之力，新鲜的想法不断产生，机会和幸运接二连三。当你改变感受方式时，你会获得创世的能量，它随时可以为你服务。

对金钱和癌症的负面情绪

杰瑞：当你讨厌谈论金钱时，你就无法获得财富；当你说“我不想患癌症”，为何你又会患上癌症呢？两者有何区别？

亚伯拉罕：这是它的运行原理。你会招来你思考的本质，当你想到健康的匮乏，你就会患病。你可以通过感觉来判断，自己的思想吸引的是事物的积极面，还是消极面。

宇宙听不见“不”。当你说：**“不，我不想生病。”**你对疾病的关注则在说：**“嗯，我就要生病了。”**

你的注意力的所在处将会吸引它的本质。当你说：**“我想要钱，但我终究得不到。”**你对匮乏的关注则在说：**“来吧，没钱的生活。”**

当你以吸引其接近的方式来思考金钱时，你总会心情愉悦；当你以阻止其接近的方式思考金钱时，你总会心情沮丧。

这正是区别所在。

也许你会问："为何我关注健康的匮乏会吸引癌症，关注财富的匮乏却无法吸引财富呢？"因为财富和健康一样，是你渴望的；癌症和穷困一样，是你厌恶的。

只要保证不管你思索什么，不管你说什么，从你的积极情绪出发，你必会吸引你的渴望之物。反之，当你情绪低落时，你则会吸引你的厌恶之物。

他不为钱而烦恼

下面是亚伯拉罕—希克斯研讨会上一位听众的问题。

问题：我有位朋友，她养活前夫长达 10 年，她努力工作，细心照顾他，常常要挣更多的钱来维持生活。最后，她厌倦了这种生活，和丈夫离婚了。她的丈夫似乎对金钱毫不在意，但现在却继承了百万美元的遗产，而且，他不愿和前妻分享这笔财富，尽管她养活了他这么多年。

她拼命工作却收效甚微，她丈夫无所事事，对金钱毫不在意，却能继承大笔遗产，这也太不公平了。

亚伯拉罕（接下来的章节皆是亚伯拉罕所讲）：只要和我们一样理解吸引力法则，这件事就能说明白了。这位女士拼命工作，觉得不公，关注匮乏，宇宙会与其感觉相匹配；她的丈夫轻松随意，毫无愧疚，希望过着更轻松的生活，宇宙同样与其感觉相匹配。

许多人相信他们必须努力工作，有付出就会有回报，其实，这些想法并不与吸引力法则相一致：**旅途不快，结果也不会好。这就是法则。**

你可以观察两类人，从他们的态度细究其结果：一类勤勤恳恳、任劳任怨，他们恰恰得不到想要的；另一类人不想努力，坚持随意的好心情，于是，他们得到更多资源，生活依然闲适。

许多人会说："这也许和吸引力法则一致，但仍然不对。"我们希望你知道，当你和这强大的法则相契合，你将会理解，这是绝对的公正。

因为你控制自己的产出，宇宙向你提供和你的振动一致的事物，还有比这更公平的吗？吸引力法则根据每个人的振动而给予回馈，还不够公平吗？只要你控制所思所想，不公平感将会减少，而代以生命的圆满和与生俱来的激情。**世间万物向你展现了宇宙法则的运行之道。**

如果你相信只有努力工作才能财运滚滚，那么，财运只有在你努力工作时才会到来。但是，回报行动的财富和通过思想而馈赠的财富相比，真是小巫见大巫。你应该注意到了，有人任劳任怨却一无所得，有人游戏人间却能财运亨通。我们希望你理解，这类差异只在他们行动的对比中体现——一旦考虑到他们心中的情绪和能量，便没有不公和差异可言。

财运亨通或任何成功，需要与你的思想结合。道理简单得很，你不可能对渴望之物怀有负面情绪，同时又向其努力。当你学会引导你的思想，你会发现，与之结合的能量沛然而下，莫之能挡。

你们和财富的距离之遥远非你所能想象。但是，当你认为财富将到来之时，又会转念：假若财富不会到来，你该多失望。因此，由于思想偏于匮乏面，你也拒绝了你期待的财富出现。这也是为何你大半生劳劳碌碌，依然一事无成的原因。

当你认为金钱不是万能的，这话对极了。你对快乐的追求并不一定需要金钱。自由是每一个人的生存追求，通过财富，你可能追求自由的步履将会稳健些，这对你的生活同样有所助益。

花钱舒服吗

有位女士告诉我，她每次花钱，心中总会有些惆怅，这种对财富的观感十分普遍。她已经积累了一笔不小的财富，可是当她有所花销，就会有种“割肉般心疼”，“害怕又花一笔”。

我们可以解释：当你相信你的财富乃是血汗钱，你也知道自己不能一直如此打拼，自然会捂住钱袋子，精打细算地过日子，我们也表示理解。但是，你因此而生的匮乏感会减慢周围财富涌入生活的速度。

当你花钱感到不快乐时，我们绝对不会鼓励你花钱，特别在你情绪低落时，因为情绪低落时的任何行动都会适得其反。但是，导致你不快乐的原因并不是你花钱这一举动，而是一个信号——此刻，你对财富的想法与你的愿望的振动不一致。**对匮乏的信念不会与你的内心共鸣，因为世上没有匮乏。对渴望之物匮乏面的关注常常会使你产生负面情绪，那是你的引导系统在提醒你：你正在偏离心中的富足和幸福。**

找到方法放松自己，慢慢转变你的心情，从梦想到期望。当你心情好转时，“割肉般心疼”终将代以自信和激情。不管你关注于财政不足，或是感觉岁月不饶人（每活一天，就向死亡迈进一步），这类负面感触和你对内心与大道的理解是互不相容的。

打个比方，你从未打算吸进足够的空气，以维持一天、一周甚或一年，你知道这是不可能的。你每天可以自由呼吸，自由接触你想要或需要的。当你理解了永恒的富足，财富可以如空气般在你的生活中流动，任你支取，你只需要允许其流入你的生活。当财富流入后，你应当允许其流出，就如呼吸一般，这样会为你带来更多财富。你不用死守财富（就像呼吸只进不出），因为这样财富便不会再来了。更多财富其实在你身边。

人们有时会提出抗议，并以自己为例，举出他们经历、见证或听说的一堆“现实”中的短缺。我们知道，许多人对事物的渴望并未在生活中实现。但我们只希望你了解，这类匮乏并非因为缺乏富足，而是因为富足被人们拒绝了。

不断讲述匮乏的经历，只会与你对富足的渴望相矛盾，你不能关注不想要的，而又遇到想要的。你不可能关注令你痛苦的金钱，却希望它源源不断。如果你想要不同的结果，必须重新讲述一个关于财富的新版本的自己。

我们可以说：**“我要心情愉快。我要积极向上。我的思想可以助我梦想成真，足以满足舒适生活的财富，强健的体魄，志同道合的朋友……”**

开始讲述你的渴望，添加更多的细节，去想那些与你的愿望一致的积极的想法，通过积极情绪触发未来良好的愿望。

例如：**我是命运的宠儿。即使我不知道所有问题的答案，即使我不知道所有的步骤，即使所有的门并非为我打开，我相**

信车到山前必有路，船到桥头必然直。我相信路在脚下，命运与我同行。每次你讲述更好的故事，你会更加快乐，生活也会更加美好。

如何改变我的关注点

有时，人们会担心自己已关注太久厌恶之物，还有时间改变这一切吗？其实，你根本没有必要担心。

时间无法倒流，你无法回到过去解开烦恼，即使可以，也未必值得，因为你的力量源于当下。当你此时心怀愉悦，你的吸引点将立即改变！**多年前的负面情绪之所以会影响你现在的生活，乃是因为你一直尚未摆脱这类负面情绪或信念。信念就是不断观想的思想，是思考的长期结果。只要你倾注精力，完全可以开始新的类型，讲述新版本的自己，获得不同的振动，改变吸引点。**

只要你怀揣 100 美元，想象一天内可以购得如此多的物品，你的财富吸引点就会发生变化。这个简单的过程足以表明，通过改变振动平衡，你会有何实际效果。假装花钱，想象你的美好生活。通过想象你的财富，你会自觉与自由的感觉相连。

你应该知道，吸引力法则回应你发出的振动，而非你的生活现实。但是，当你的振动只与你的生活相关时，一切如故。**通过想象你的美好生活，并将注意力集中于此，你可以轻易地改变你的吸引点。如果你觉得轻松自在，那表明振动有了真正的改变。**

我制定自己的财富标准

有时，你意识到了财富的缺乏，到处都是你想要的。你的心中皆是欲望，当你没有足够的钱时，它会苦苦折磨你；当你不断花钱时，虽能暂时满足，却难免负债累累。在这种情况下，有花钱的欲望常常是错误的信号，因为这不是你内心真正的渴望。**不断购物无法满足你的欲望，因为你的感觉处于空虚中，只有寻找到真正的自我才能填补。**

此时，你缺乏安全感，你的真我则有安全感；你觉得不平等，你的真我只会觉得平等；你觉得匮乏，你的真我只会觉得富足。你渴望的实则是振动频率的改变，而非追求财物。只要你能取得并保持内心的一致，必定会财运滚滚。也许你会购物，你的感受却会和以前大不相同。你不会再感到空虚，自然也无须填补。你会对某些事物感兴趣，它会在你的生活中出现。从想法的出现，到梦想成真，每一个步骤都会给你带来快乐和满足感。

不必依赖他人决定你的财富标准，或是你的追求。只有你自己可以对此作出决定。与内心保持一致，感恩生活，生活自然会回报你。

"存钱防意外"有用吗

我们的一位听众提到，他的老师曾告诉他，"存钱以防万一"实际上一点也不保险，反而会带来意外事故。他想知道，这类观念是否和我们的吸引力法则相一致。

我们告诉他：某方面，在指出对任何事物的关注都会吸引同类事物时，这位老师是正确的。当你关注于未来可能发生的危险，你思考此类问题所引起的负面情绪则拉响了警报——你正在吸引这类事物。但是，在生活中，对未来的担忧并不少见。例如，感觉不安的财政状况，你可以从积极面思考，也许可以保持财政稳定呢。当你关注于财政稳定时，你会采取行动来保证经济安全。

储蓄或存钱本身没有对错之分，老师错误地认为从不安全的立脚点，无法达到安全状态。**我们鼓励你关注令自己愉悦的安全感，并采取由之诱发的积极行动。任何令你愉悦之事与你的渴望相符；任何令你不安之事与你的渴望相矛盾。一切如此简单。**

有人认为你应该放弃追逐金钱，因为这是物质主义。但是，我们希望你知道，在你所处的世界，一些人心灵已被物质化，它们彼此缠绕。**一个人超脱于物质世界，是有着异于常人的精神追求。**

讲述新版本财富

吸引力法则并不会对当前生活作出回应，只会根据你的思考发出的振动作出回应。当你从渴望出发，讲述财富的新版本，你的思考频率将会改变，吸引点同样会改变。

无论什么，对你的将来没有任何影响，除非你继续复述现在的生活。通过思考和讲述你的理想生活，你会以现在的生活为跳板，跃向你的理想生活。当你继续复述现在的生活，你也会跃向以现在为模板的将来。

考虑一下问题，聆听你内心深处的回答，阅读一些示例——新版本财富。接着，开始自己与众不同的财富展望，坚定不移地看着环境和命运是如何助你梦想成真的。

你渴望的财富现在拥有了吗？

宇宙是富足的吗？

你可以选择财富吗？

你今生的财富是天生注定的吗？

你现在记住了吗，通过你的思想，将会财运亨通？

你有改变财政状况的能力吗？

你想有更多的钱吗？

知道心中所想，是财富的保证吗？

关于财富的旧版本

我想要房子、车子，可我买不起。我赚的钱比以前多，可依然是“月光族”，现在似乎寸步难行。

看来我就是劳碌命，整天担心钱。我记得父母拼命工作的身影和母亲深锁的眉头，我好像全都继承了，可我不愿意继承这类鬼东西。有些人生下来便锦衣玉食，我为何就这么命苦呢？我认识的每个人都在拼命工作，却整天为前途而担忧。

请注意，这个版本首先是注意到了一种消极状态，接着对此作出判断。通过对过去的回顾，强调当前的问题，夸大了消极状态，最后注意到了生活中更多的匮乏。**当你开始讲述负面性的版本，吸引力法则会助你从过去甚至将来寻找例证——匮乏的振动持续存在。当你对匮乏加以抱怨时，你的吸引点只会允许更多抱怨通过，不管你关注于现在、过去或将来。**

通过讲述新版本财富，你可以改变世界。你的新版本会触动新想法，提供新的吸引点。把握现在，努力寻找生活积极面将会为你设定新的振动域。它不仅影响你现在的情绪，还会带来你渴望的人、事、物。

关于财富的新版本

我认为将金钱比喻为空气很恰当。我相信千金散尽还复来。想象着财富在身边流动，感觉真是奇妙极了。我知道，我对财富的感觉将会影响财富的到来。我很高兴地了解到：通过练习，我可以对自己关于财富或类似的态度控制自如。我注意到，当我不断讲述富足的故事，我的心情愉悦至极。

我知道了自己是现实的创造者。在我的生活中出现的财富，与我的所思所想息息相关。我可以通过调整思想来改变我的财富。

现在，我已知道创造的法则，也知道了思想的本质会在生活中出现。最重要的是，我知道可以通过情绪判断我关注的是财富的积极面还是匮乏面。此时，我满怀信心，我的思想将与富足一致，我将财运滚滚。

对于金钱、财富、消费、储蓄、吝啬、付出、挣钱等，可谓人言言殊，我知道没有必要去理解他们的观点或经历。我不必非要分出三六九等，这样，我就轻松多了。我只需要将我对金钱的想法与内心对金钱的渴望保持一致。当我心情愉悦时，便自然与内心契合了。

有时候，我会对财富有负面情绪，这也不足为奇。但我会立即主动调整，使之保持愉悦，那么，愉悦的心情自然会带来好结果。

当我知道想法的变化并不会有立竿见影的效果，但我希望在我有意识地积极思考后，会有长足的进步。我和财富的一致，首先体现在我的愉悦心情、积极心态、积极态度上——不久后，我的个人财富就会有巨大的改变。我对此坚信不疑。

我很清楚，我对财富的所思所想和我的生命历程绝对相关。我可以看到吸引力法则对我的思想作出的反馈，我希望积极地思考能够带来更多的回应。

当我更自如地控制自己的思想，我可以感受到能量的强大影响。我已多层次地了解到，也相信当我意识到自己的力量和价值时，我会保持愉快。

我现在生活富足，知道只要生活诱发了我的渴望，我便可以实现。意识到自己潜力无限，这感觉真不错。

此时轻松极了，我认识到不必等到物质丰裕时我才会心情愉快。现在我知道，当我心情愉快时，我渴望的财富或经历自然会慢慢在生活中出现。

空气在我的体内进进出出，财富同样如此。我的渴望吸引它，我的轻松允其流入。进进出出，出出进进，永远在流动。不管何时，无论我的渴望为何，只要我有渴望——进进出出永不停歇。

讲述新版本的自己没有定法。可以是关于你的过去、现在或将来。惟一的重要标准便是：你要有意识地讲述令你愉快的、积极的东西。天天讲述快乐的自己，将会改变你的吸引点。只须牢记你每天讲述的全新的自己正是生活的基础。讲述你眼中的美好生活吧！

第三章

保持身体健康

你随时都可以作出改变，但你首先要改变自己看世界的眼光。你必须讲述你渴望的愿景，而非你的现实。你的身体是你思想的延伸。

思想永葆青春

对大部分人来说，“成功”总是和金钱、得到财物相连，但我们认为：达到愉悦的状态才是最大的成功。虽说财富和物质享受可以带来更多愉悦，但拥有一个健康的身体才是真正的幸福之源。

生命的每一部分均是赖身体以感受的。当你快乐时，自然万事如意。当你身体孱弱时，固然可以保持积极态度，但健康的身体却能为其提高坚实的基础。没有什么事物的价值能够超越健康：因为你的感觉方式影响了你的思想和态度，你的思想和态度则等同于你的吸引点，你的吸引点又将成为生活的剧本。

值得注意的是，不仅健康可以激发积极思想，积极思想同样可以带来健康。那意味着不必身体良好才可以达致美妙状态，因为只要你放松状态，即使你身患重病，也可以改善身体状况，因为思想可以创造现实。

抱怨复抱怨，抱怨何其多

许多人抱怨：年轻时精力充沛，自然积极乐观得很，待到年龄渐长，百病缠身，就很难保持积极乐观态度了。我们觉得，你的年龄或现有的身体状况不应成为你思想的束缚，使其排斥发展或恢复。

许多人对自己思想的威力一无所知。他们不知道当其满腹牢骚时，早已将健康拒之门外了。许多人并未意识到在他们抱怨慢性病前，他们早已对很多事加以抱怨了。不管你抱怨什么，惹你生气的人，背叛你的人，别人的错误，你自身的疾病——抱怨就是抱怨，它将健康拒之门外。

不管你是春风得意并继续寻找幸福的，还是百病缠身寻求康复的，步骤均一致：**引导你的思想，向着令你愉快的方向，发现来自和本源振动相契合而激发的威力。**

当你继续翻阅本书时，你从前的记忆将被唤起。你将与宇宙规律共鸣，并感觉到无限的能量。为了保持一个健康的身体，你只须保持对思想和感觉的关注，还有对愉悦真诚的渴望。

契合的思想令你身心平衡

如果你心情郁郁、悲观厌世，它将会在你生活的各个方面显现。因此，我们才一再强调身体健康的价值。宇宙万物中，对于你的思想的回应没有比身体更快的，契合的思想不但回应迅速，而且效果明显。

你的身体最容易置于你的绝对控制之下——因为你的一切源于你自己。然后，由于你以身体为棱镜，感知万事万物，一旦失去平衡，影响所及将是你的生活，而非仅仅是身体。

当你患病时，没有比此刻更渴望健康的了，因此患病之时对健康渴求最深。此刻，你可以须臾不离关注于健康，它很快就会显现——但在大部分情况下，当你情绪低落时，你的注意力也在此处。**当你生病时，你自然会敏锐察觉到你的感受，一旦如此，你就会延长痛苦……但是并非由于你对健康匮乏面的关注引起了你的疾病。实际上，是因为你对渴望之物的匮乏面的关注。**

长期关注那些不愉快的事物，会令你将健康拒之门外，也将你所关注问题的解决方法拒之门外。**如果你将对匮乏面的注意力转移到健康上，不但会迅速康复，也会更容易保持身体健康和身心平衡。**

生活胜于雄辩

美妙的言语，即使它们完美而准确地表达了真理，也未必让人们理解。结合与吸引力法则相一致的生活体验，方能产生真正的理解。我们希望本书与你的生活相结合，因而你可以理解你生命之所以然，你可以完全控制生活的各个方面，特别是与你身体相关的健康。

也许你现在身体状况很好。假若如此，那就继续关注你的身体，享受那些美好——你将会继续保持健康。但是如果你期望有所改变，不管是面容、耐力或健康，最有用的莫过于讲述不同的版本的你——不仅关于你的健康，还有那曾经困扰你的各个方面。当你投以积极关注，对诸多议题感到愉悦，你将察觉从内心迸发的激情。你将会察觉到宇宙的力量——那创世的力量——就在你体内汩汩流动。

你是自己生活的惟一创造者，无人能比。你生活的一切皆赖思想而成。

当你关注时间足够长，并能觉察激情涌动，你就掌握了更多的力量，并取得了更大的成就。另一些思想，虽然重要且具有创造性，但常常只对已被你创造之物起守成之功。许多人之所以身体长期孱弱，仅仅因其提供了一致而且非常强大的伴有消极情绪的思想。他们只是说着看似令人不快的旧版本的自己，一再如此，于是，他们就长期地孱弱着。**关注你想要的事物，有意地对自己讲述更好版本的自己，将会给你的身体带来积极的影响。事实胜于雄辩，我们建议你试着讲述一个不同的故事，观察它的影响。**

吸引力法则扩展了我的想法

吸引力法则强调同性相吸。你每时每刻的想法，总会吸引更多类似的想法。当你想着不开心的事时，更多不开心的类似经历马上会被吸引过来。你会发现，自己不仅活在当下，而且回想起了与振动一致的过往——依据吸引力法则，当你的负面想法扩展时，你的消极情绪也会相应增加。

而你又会持续和别人讨论这些不开心的话题，他们也会想起他们的过去，添加更多不愉快的实例……**在短短的一段时间内，在你所思考的议题上，将会吸引足够多的思想，这类思想的本质将构成你的生命经验。**

借助了解你所不喜欢的，你能够更清楚你的渴望。在寻求解答之前，确认问题的全部也没什么大错。但是许多人过于关注问题本身而非解答，在对问题的检验和解释中，他们不知不觉把焦点放在了问题上。

讲述不同故事版本的你在这同样有效：讲述一个与解答相关，而非与问题相关的故事。**如果你非要待到生病时才开始积极地关注，这比你在健康时保持一个与健康有关的思想要难得多。但无论如何，你的新故事将会带给你不同的结果。同性相吸——讲述你渴望的生活，你将如愿以偿。**

人们总是担心他们既有的病痛，这种思想就会吸引他们全部的注意力，对疾病的关注则会延长痛苦的过程。他们把自己拘禁在当下，只关注此时此刻的现实。但是我们可以借助思考现实之外的事物，来改变这类状态。因此，你不可能只关注于当前的困境而求得改变。为了改变，你必须关注于你所寻找的积极结果。

吸引力法则对你的思想作出回应，而非当前的现实。当你改变了思想，你的现实必随之而变。如果现实一帆风顺，对现实的关注自然会带来好运。如果现实不遂人意，你必须将自己的注意力从令人不快的事物中转移。

你完全有能力控制你的思想——关于你自己的身体、与你有关的一切——不要仅仅关注眼前发生之事。你可以想像你美好的未来，回忆你珍贵的过去，当你以愉悦的思想践行之、言说之，你可以改变你思想的模式、你的振动、你的生活。

15 分钟通向健康

当你的脚崴了，自然认为不可以和健康时那样蹦蹦跳跳。但是通过做其他的事，将注意力从关注扭伤的脚那儿转移，会更有利于康复。然而，受伤之时想象康复总不如平时强效有力。如果你平时在清晨状态最佳，你可以选择在那时想象新故事版本的你。如果你在洗完热水澡后状态最佳，可以选择那时进行。

花费 15 分钟时间，闭上你的眼睛，尽量远离现实的纷乱，找一处不受打扰的清静之地，想象身体十分完满的你。想象你在微微的斜坡上轻快地散步，深呼吸并享受空气中的芬芳，带着微笑欣赏你身体的耐力，自由俯卧灵活伸展，尽情享受身体的柔韧性。

用想象力构造一幅幅明快的场景，纯粹地享受你的身体，欣赏你的力量、耐力、柔韧、和美。**当你尽情享受这类场景所带来的愉悦，而非为了改正一些错误，你的思想将更纯净，也更强大。因为当你想象自己克服了一些错误，你的思想因其与匮乏面有关而被削弱。**

有时候，人们会说，他们长久以来的愿望始终都未实现，并因此认为吸引力法则对他们不适用。事实并非如此，那是因为他们意识到渴望之物的匮乏，并从这种状态出发，发出祈求改善的频率。你需要重新设定你的思想频率，保持在和你渴望的事物，这需要一段时间，但你最终会觉得像呼吸般自然不费力。最终，新版本的你将是你最经常想的那个。

以积极的态度想象你的身体，这类思想将会主导你的身心，你的身体状况将会保持着这些思想。如果你只关注既存的现实，最终将一成不变。

当你想象、观想、讲述新版本的你，迟早你会相信这个新版本的你。一旦如此，证据将在你的生活中显现。信念来自持续不断的想法，当你的信念与你的渴望相匹配时，你的渴望必将成为现实。

你和渴望之间除了你的思想模式外别无他物。不管身体多虚弱，状况如何，如果没有它，你将无法吸引良好的状况。在生活中，对你的思想模式的回应没有比你的身体更迅速的了。

我不依赖别人的信念

只要在正确的方向加以关注，你将取得可观的成果。最终你会记起你可以成为、拥有、做任何你所关注的，并和振动相契合。

你出生于物质世界，也很清楚你在此的意图。你并非在此前就熟悉了物质生活的所有细节，但你的观念中，必有身体的重要性——你的生活赖之以创造，你渴望这种生活。

在你新生那一天时，比起物质世界，你和内在世界更亲近，你的力量和感官也十分强大。然而，随着时间的推移，当你沉迷于物质世界，你开始看到许多人不再与幸福相连。慢慢地，你对幸福的感知也开始退化。

诞生在这个物质世界中，你同样可以继续保持与真我和绝对幸福的连接。然而，大部分人一进入这个花花世界，就迷糊了。导致个人健康意识退化的原因在于，你周围的人吵嚷着要你取悦他们。**你的父母和老师更期望你能做令他们高兴的事，而非令你自己高兴的事。在社会化过程中，几乎所有社会的所有人都失去了方向，因为他们在哄骗或强迫下远离了自己的真实感觉。**

大部分社会要求你将行动放在首位，很少有人鼓励你、考虑你和内在世界的连接或振动契合。大部分人根据别人的意见而做事，在其误导下将行动置于错误的地方，他们失去了结合，生活也失去了光彩。

但是，你之所以渴望诞生在这个花花世界，并非因为你可以亲手创造你的生活。通过生活，你将慢慢明白你所偏爱的终将为你所享用。

当你了解了令你不快之物，你更清楚了你的渴望。大部分人走对了第一步，却未转向他所渴望的，并与其振动契合。恰恰相反，他们继续讨论令人不快之物——最后，他们天生的活力衰落了。

此刻明白思想的威力为时未晚

当你不明白思想的威力，也不花时间将思想契合以带来力量时，你只好依赖行动来创造，而效果并不好。当你为了完成目标努力工作，最终却失败了，你常常沮丧至极，觉得无能为力。有人觉得生命如此短暂，他们的梦想怕是永无成真之日了。但是，我们希望你明白，只要你下工夫与创造能量有意识地结合，通过思想集中的威力，你将发现，有根杠杆助你实现梦想。

一旦你成功结合，没有什么是你无法完成的，你的生活将会证明这一切。在显现之前，你结合的迹象以积极的情绪为表象。一旦你理解了，当渴望之物来临时，你会继续保持。**吸引力法则说：同性相吸**。无论你状态如何——无论感受如何——你正吸引更多的同类要素。

当你相信可以获得它，你对事物的渴望总是愉悦的，但是带有怀疑的渴望令人不舒服。我们希望你明白渴望，并相信你可以获得。这一种契合的状态，渴望却怀疑实现的可能性则带来差池。

渴望并相信正是契合，渴望并期望正是契合，期望令人不快之物并非契合，你可以察觉你的契合或差池。

健康与本我息息相关

为了真正的健康，你必须与内在的我振动一致。为了达此目标，你必须清楚你的情绪或感觉。

你的健康状况与你和内在的我振动相一致直接相关。这意味着你的每一个想法能够或好或坏地影响这一连接。没有对情绪的关注和积极引导思想的决心，就没有一个健康的身体。

当你记住愉悦是天然的，并努力从积极面思考问题时，你可以通过训练让你的思想与内在的我相和谐，那对你的身体大有好处。当你长期快乐，你的身体自然好得很。

当然，情感的范围十分广——从沮丧到愉悦——但是在任何时间，无论你关注为何，实际上，在情感方面，你只有两种选择：更好的或更坏的。你也许更准确地称之为两种情感，当你自觉地选择更好的，则更有利于运用你的引导系统。如此之后，你就可以与本我的频率保持一致——一旦如此，你将获得健康的身体。

我会信任永恒的本我

你内在的我是你的本源，它通过你成千上万的经历而不断演化。在对经历的筛选中，你的本源永远选择快乐的经历，那意味着，你内在的我一直处在爱与喜悦的频率上。这正是为何你选择爱某人，总会给你带来快乐。愉悦是与你的本源相契合的保证。当你的思想与本源不一致，常常会产生害怕、愤怒、嫉妒等情绪，这类感觉说明，你的振动偏离了本源。

本源不断发出幸福的频率，而当你情绪低落时，正意味着你阻止了你的频率接近本源和幸福之流。当你讲述你的身体、生活、工作，讲述一切令你愉快的人，你将与曾经流向你的幸福之流再次接连。当你关注你的渴望，并感受到积极情绪，你取得了创世的力量，并使其流向你的关注之处。

外伤产生中，思想的作用是什么

杰瑞：外伤的产生方式和疾病一样吗？它们可以通过思想解决吗？它们是偶然的事故抑或一连串的思想所导致的吗？

亚伯拉罕：**不管你身体的创伤来自突然的事故，或是来自癌症之类的疾病，你的境遇皆由你的思想创造——思想同样可以带来痊愈。**

长期的闲适思想带来了健康，长期的高压、愤怒、厌恶或恐惧则带来了疾病。不管它是突然出现（例如不慎摔倒导致骨折），或是长期作用（如癌症），你的生活与你的思想相契合。

一旦你失去了健康，不管是骨折，还是心血管疾病，你都无法迅速找到愉悦的想法与你的本我相一致。如果在事故或疾病发生之前，你的思想并未与健康相一致，当你面对痛苦或令人绝望的诊断时，你更无法立即找到契合。

从一般健康向完全健康努力，比之从非健康向完全健康努力要简单得多。然而，如果你能将注意力从生活中不如意之处

转移到积极面，无论你身处何地，均可以达到你所期望的状态。问题只在于关注点。

有时，令人绝望的诊断或是外伤也是强有力的催化剂，令你更关注于事物的积极面。实际上，那些被告知绝症的人常常是自主创造的最好学生，因为医生已经束手无策，他们别无选择，就开始关注思想。

许多人直到别无选择时，才会选择真正有效的方式，但我们理解，你已经适应了行动主导的世界，因而行动对于一般人来说无疑是首选。**我们并非劝你远离行动，而是鼓励你首先找到更好的思想，实践你心中的渴望。**

先天疾病可以通过振动解决吗

杰瑞：先天疾病可以通过思想解决吗？

亚伯拉罕：可以。无论你在何方，你都可以达成你的渴望。如果你能够理解现在只是将来的起跳地，你可以迅速地获得你的渴望（即使在苦难之中）。

如果你的生活经历孕育了你的渴望，实现理想的方法同样适用。但你必须关注你的渴望——而非你的所在之处——否则你无法实现你的渴望。信念之外别无创造。

为何常见病去又来

杰瑞：在我小时候，有一些我们现在已经听不到的常见病（结核病和小儿麻痹症）。但我们现在疾病依然不少，因为现在有心血管病和癌症，在以前从未听说过。那时候，梅毒和淋病常常在新闻中出现，现在这些不怎么听说了，但艾滋病和疱疹常常在新闻中现身。为何现在的疾病似乎更多了？有了治疗方法后，为何不能把疾病彻底灭绝呢？

亚伯拉罕：因为你关注着匮乏面，无力感和脆弱只会产生更多的无力感和脆弱。没有对疾病的关注，你无法征服疾病，但是值得注意的是，寻找治疗疾病的方法，即使找到了也是暂时的。正如你指出的，新疾病不断出现。**当你开始寻找了解疾病的振动原因而非治疗方法，你将结束一打疾病。当你可以有意识地保持闲适心情及其相契合的振动，自然无病一身轻。**

大部分人在身体健康时，身在福中不知福，待到生病时才会祈求健康，因为愉悦的思想能够保持身体健康。你步履匆忙，一入红尘便生烦恼。一旦如此，你就失去了契合，疾病随之而来。你对疾病的关注则令之不断持续累积，但你随时可以打破这种循环。

我见证了我的身体自愈

杰瑞：我很早就意识到，我的身体创伤可以迅速愈合。如果我不慎割伤了表皮，我可以看到痊愈的全过程。不到 5 分钟，伤口就愈合了。

亚伯拉罕：组成你身体的细胞富有智慧，可以自动趋向平衡。你情绪越积极，你就和细胞的振动越一致。如果关注令你恼火的事物，你身体内的细胞会通过自然平衡这个过程给你暗示。一旦你患病了，并且吸引了你的注意力，这一暗示会更强烈。

由于你体内的细胞知道如何趋向平衡，如果你能专注于愉悦的想法，负面的干扰将停止，你将很快康复。所有疾病都来自振动紊乱或由抵抗导致，绝无例外。大部分人并不知道他们的紊乱思想比疾病更关键（他们不努力寻找愉悦），一旦患病了便很难找到纯粹而积极的思想。

如果你知道思想引起的抵抗阻止了健康的到来，你可以让思想更积极，于是会迅速康复。不管什么疾病，伤有多重，问题是：无论情势如何，你能积极地思考吗？

常有人问："如果是刚出生的小孩患病呢？"不要以为小孩尚未咿呀学语，便不会思考或提供振动。即使在子宫内，小孩也潜藏着巨大的力量。

关注健康，我就会健康吗

杰瑞：我看见了身体的自我痊愈，那是因为伤口愈合是可见的，我可以期盼。但是我们怎么知道身体的每一部分均会痊愈呢？对于看不见的部分，人们总是格外地害怕，特别是身体内部的状况。

亚伯拉罕：能够亲眼看见自己思想的运作过程十分美妙，你的伤口或疾病是不契合的证据，你的愈合或健康则是契合的证据。**想望健康的渴望比想望疾病的渴望更强烈。因此，即使有一些负面思想，大部分人依然完好无损。**

你会期盼伤口愈合，这在你的愈合过程中作用巨大。但是当你的疾病不可见时，你必须依靠医生的检查，他利用专业手段来获取相关信息，你会觉得无能为力并惶惶不安，这不但会减缓愈合，甚而会产生疾病。对于身体内部，许多人会感到六神无主，而这种感觉是疾病持续的催化剂。

许多人不舒服时才会去看病，检查身体是否有问题，当你寻找问题时，你通常都能找到多多少少的问题。**实际上，这也是吸引力法则。不断寻找身体是否出问题，迟早会令你的身体出现问题。它并非一直隐匿其中，等待你发现了，实则是你不断地思考创造了它。**

何时看医生

亚伯拉罕：许多人对我们的看法嗤之以鼻，说我们的建议不负责任。因为我们不鼓励对身体的定期检查，寻找身体中已出现的、正出现的或将要出现的疾病。如果我们尚未明白思想的力量，我们也许会说，如果看医生令你心里踏实，那就去吧。

实际上，有时当你寻找隐患时没有找到，你会感觉一阵轻松。但是更常见的是，不断地寻找隐患将会促使真的产生。我们并不是说药物不好，或者看医生没有多大用处。医药、医生以及所有相关的职业在价值上并无好坏之说，这一切都要依据你的振动频率而定。

我们鼓励你关注情绪平衡，自觉地寻找最美妙的感觉，一直到熟能生巧。如此，你将会首先振动契合，依从你的内心而行动。看医生，或其他任何事情，只有带着愉快的心情才会有价值。由你的惧怕或负面情绪而激起的行动毫无价值。

你的健康与你的信念息息相关。你年轻时对健康的渴望十分强烈，当你慢慢变老，你也会以一定比例退化——这依你对别人健康的观察而定。**上年纪的确实少有活力，而且疾病缠身。但是人们因老而衰的原因并非因为他们的身体必然如此，而是因为人活得越久，会发现越多的烦恼，导致了对健康的抵抗。疾病与抵抗有关，而非年龄。**

疼痛者如何转移注意力

杰瑞：好的，据你所言，为了自我痊愈，我们必须将思想从问题转移到我们所渴望的上面。但如果身体疼痛，我们怎样才能摆脱对其关注呢？我们如何能够摆脱对疼痛的关注，而用足够长的时间关注我们所渴望的呢？

亚伯拉罕：你说得对。人很难不去想“阵阵发痛的脚”。大部分人直到陷入困境时，才去想清楚他们的渴望。许多人总是浑浑噩噩，得过且过，没有提高任何有意识的思想。因为你不明白思想的威力，直到陷入困境时，才会有意识地思考。一旦你陷入困境，你就会对其全力出击。你的关注只会令事情更糟糕。因此，我们鼓励你：寻找生活中的幸福时光，令你不再紧张或痛苦，接着关注你的健康。

你必须能够区分生活中的现实，以及你对现实的反应。你也许觉得全身疼痛，并且觉得害怕；你也可以全身疼痛却满怀希望。疼痛并不限制你的态度或思想。你同样可以想想另外一些事，一旦你成功了，疼痛最终也会减缓。然而，一旦疼痛产生，你不断地予以关注，只会延长这令人不快的状态。

一直消极看待各类话题的人现在患病了，就不得不战胜疼痛，并且积极看待人生。你明白，消极的思考习惯带来了疾病，突然转向积极的思考以获得健康并不容易。因为你不得不和疾病或疼痛的暗示作斗争。**预防式健康比修治式健康要简单得多，但是在任何一种情况下，改变思想，让思想越来越放松，才是关键。**

即使生活一直很艰难，也有痛苦和快乐的时光之分。选择你所享受的最快乐时光，寻找积极面并选择更美好的思想。当你不断地拥有令人心情放松的思想，积极面的倾斜将会带给你健康——每次如此，无一例外。

我的自然状态亦健康

亚伯拉罕：你的内心深处只有健康，如非如此，你的振动中必有抵抗。抵抗是由于对匮乏面的关注所引起的，接纳是对渴望的关注引起的，抵抗是由于你的思想并不与你的本源匹配，接纳则表明你的思想与本源相一致。

你的自然状态就是健康，是完美的身体状态，若非如此，那必是因为你的思想平衡倾向了匮乏面。

有时你认为自己想着健康，实则担心你的身体。判断振动差异的惟一方法在于：注意你思考时所伴随的情绪。**感受给你带来健康的思想，这远比想象直达彼岸简单得多。**

全身心地投入愉悦，并以之引导你的思想，你会发现，你早已有愤怒、无助等负面情绪。但你既然开始关注自己的情绪，这些抵抗的、致病的思想再不会悄无声息地进来。对你来说，患病是非自然的存在，各类负面情绪也是非自然的存在。在你的内心，你同你的本我一样：**你本健康，你本愉悦。**

婴儿的思想也吸引疾病吗

杰瑞：刚一出生的婴儿怎么会吸引疾病呢？他还未有自主意识呢。

亚伯拉罕：首先，我们要再次明确：除你之外，无人创造你的现实。要知道，你所知的“你”并非从刚出生的“婴儿”

开始，你是永恒的存在，有着多种经历。

人们常常认为，如果每位新生婴儿毫无缺陷，这个世界会更好，但并非人人如此。许多人打破了这种“一般人”的生活，相反的经历也产生了许多有趣的事情，并使人在很多方面有所得。

想象有这样一位十分擅长打网球的运动员，坐在看台上的观众会觉得这位选手更愿意遇上一位实力较弱的对手，但这位运动员恰恰喜欢相反的：她或他希望遇上强大的对手，能够激起平时所达不到的准确率和集中度。与此类似，**许多生活高手希望从不同的角度看待生活，因而会有新的选择和新的生活经历。这些存在者也明白经历与“正常”不同的生活，将会有巨大的收获。**

人们常常错认为婴儿不能自理，便不能创造他自己的生活，但事实并非如此。即使会说话的人也并非通过言语创造生活，而是通过言语背后的思想。婴儿一出生便会思考，在出生前便有振动意识。他们的振动频率间接地受出生环境周围的振动所影响，但你无须担忧，因为他们同你一样，天生具有感觉系统帮助他们区别——提供有益的思想和排斥健康的思想大相径庭。

许多在某一方面能够有所成就的人，他们的出身并不好，可以说与成功八竿子打不着。这些艰苦令其获益颇多。因为他们有着摆脱贫困的强烈愿望，这正是成功向其流动的必要一步。

所谓“绝”症真的无药可救吗

杰瑞：最近，我们称之为“绝”症的有艾滋病，但我们可以看到艾滋病患存活者——这类人存活的时间远比一般所预料的长。对于已经感染艾滋病，并寻求帮助的患者，你有何建议？

亚伯拉罕：**无论身体状况如何恶化，没有身体不能保持健康**。但是你对生活的信念，与你接纳的各种生活经历息息相关。如果你相信这是不治之症，这是“致命的”，你会告诉自己无法生活下去了……

但是你的生命与疾病无关，只与你的思想有关。如果你对自己说：“对别人来说，这种说法也许是对的，但我则不然。因为我是自己生活的创造者，我可以选择康复，而非死亡……”

这些事情说起来简单，但对于那些半信半疑者，不相信他们能创造生活的人来说，无异于天方夜谭。你的生活状况是你的思想平衡的直接反映，**是你思想的明晰指示。当你改变思想，生活也将会随之改变。这是亘古不变的法则**。

关注趣事，重获健康

杰瑞：诺曼·科钦斯是一位作家，曾经患上一种绝症（据说至今还没有人痊愈），但是他却活下来了。他说，他看了许多幽默节目产生了这种效果。我认为，他只是看了节目，于是哈哈大笑，疾病就消失了。对于这件事，你怎么看？

亚伯拉罕：他之所以能够痊愈，是因为他的振动与健康保持一致。寻找振动保持一致的过程中，有两个基本要素：首先，**他对健康的渴望由于疾病而戏剧性地上升；第二，他所观看的节目使他不再关注疾病——当他看节目哈哈大笑时所带来的愉悦，打开了排斥健康的牢门**。在创造之时需要两大因素：

渴望与接纳。

一旦人们长期关注问题，他们就会排斥健康并导致疾病，对疾病的关注会诱惑他们持续这种思想。如果医生可以治疗你的疾病，常常增加你对健康的信念。在此情况下，渴望因为疾病而增强，信念因为治疗而增加。遇到不治之症，带来痊愈的两大因素依然相同：渴望和信念。

只要对健康有渴望，在任何情况下均能达致，要点在于渴望健康或者像例子中的那个人，让你的注意力从匮乏面中转移。

忽视疾病有助于康复吗

杰瑞：自长大后，我还从未病到无法工作的地步。我一直认为自己的工作十分重要，从未想要放弃。然而，我曾注意到，如果身体微微不适，比如有感冒的前兆，一旦我关注要做的工作，不适感很快就消失了。这是因为我关注于我的渴望吗？

亚伯拉罕：因为你有对工作的强烈渴望，你享受工作带来的乐趣，你有着冲向健康的巨大力量。所以，当一些事令你不再关注健康，转而关注令人不快的事物，你只须回到原来的状态，你的和谐状态很快恢复，因不和谐而产生的不适感很快消失。

一旦你工作过度，就会感到劳累或压抑。这些感觉表明你需要休息了。但是你常常继续工作，而非适当地休息，这正是引起身体不适的常见原因。

当人们稍有不适时，常常会予以关注，这会带来更多不适和不协调。关键是在于尽早控制你的不协调。一旦你感受到负面情绪，那正是一个信号——你要转换思想，并改善你的振动平衡。若非如此，你的信号将不断增强，直到你的健康出现问题。即使在此情况下，正如你的例子，你依然可以关注你的渴望（将你的注意力从失衡状态中转移）并取得一致，你的不适感觉随之而去。**在任何情况下，你均可康复，但是越早越容易处理。**

有时候，生病令你免于做你不愿意做的事，因此，你对疾病也会敞开大门。但是，如果你用这类把戏自欺欺人，将带来更多的疾病。

疫苗的作用是什么

杰瑞：如果说我们的疾病源自我们的思想，那么为何脊椎灰质炎疫苗能阻止某些疾病的传播？

亚伯拉罕：疾病扩大了你的渴望，疫苗增强了你的信念。因此，你获得了创造的微妙平衡：**你的渴望相信并接纳了它。**

医生、精神治疗师或巫医

杰瑞：那我还有一个问题。巫医、精神治疗师和医生“均能治疗一部分患者，有时候对另一部分患者无能为力”。这类人在人的思想、生活中有何作用？

亚伯拉罕：他们所具有的共同点就是：激发患者的信念。创造平衡的第一步，通过疾病来提高患者对健康的渴望，任何可以带来信念或健康的做法，均会产生积极效果。如果医学和科学不再寻找治疗的方法，而是开始寻找振动的原因或失衡的原因，他们会发现，治愈率将大幅提高。

如果有一位医生不相信你的疾病可以治愈，你和医生的联系就会产生不良影响。一位好心的医生对你的康复满怀疑虑，认为你的病很古怪，你不可能是个例外。逻辑上的疑难，即使建立在科学及医学的证据之上，也与你毫无关系。只有两大因素与你的康复有关：你的渴望和你的信念，任何负面的诊断都会阻碍你的信念。

如果你对康复怀有强烈的渴望，而医生却不抱任何希望，你自然会转向替代疗法，因为有许多材料显示“绝”症患者同样可以康复。

医生作为健康的手段

亚伯拉罕：无须谴责现代医学，因为正是社会成员的思想、渴望和信念创造了它。但我们希望你知道自己有实现渴望的能力，你不能向外寻找证据。你的证据来自你自己，来自你的感觉。

首先寻找振动契合，并依随内心而行动。在治疗中借助社区医疗的力量，但是不要让他们做不可能的事，不要让他们通过医疗弥补你的能量。

没有要求就没有回应，对问题的关注的确是对解决之道的要求，因此医生通常在身体检查后，才会对症下药。但是寻找问题也是吸引问题的强大催化剂。好心的医生常常会令疾病持续，而非找到正确的解决方法。**他们不是不想帮你。在他们检查你时，主要目的是发现相关疾病的证据，于是会吸引更多这方面的东西。**

由于他们的长期临床，有着丰富的实践经验，所以认为人很容易生病。他们更关注于错误而非正确的，也导致许多医生自己吸引了疾病。

杰瑞：这就是为什么医生无法医治自己的原因吗?

亚伯拉罕：正是如此。关注于别人的负面却不给自己带来负面情绪是很难的——对负面的接纳正是疾病存在的原因。**无负面经历的人便没有疾病。**

该怎样帮助患病的人

杰瑞：对于身患疾病的人，我们可以做什么呢?

亚伯拉罕：**当你充当别人抱怨的回声墙时，你对他人毫无帮助。让自己成为他们渴望的人物是你能够做的最有价值的事。**有时，这意味你要与他们保持距离，因为你一旦靠近，很难无视他们的抱怨。你可以告诉他们：“我明白我的注意力和思想的力量，当我听到你谈论令你不快的东西时，我必须告诉你，我要离开一下，因为我不想误导你。”可以试着让他们从抱怨的情绪中转移一下注意力，去关注生活的积极面，尽量想象他们情绪好转时的样子。

当你带着愉悦心情看一个人，才对他有真正的价值。当你爱着他们而毫无担忧，你是他们的依靠。当你与他们一起享受，你帮助了他们。当你期望他们成功，你使他们受益。当你如你的本我所看待他们的方式对待之，此时，也只有此时，你和他们的互动才会对其有利。

如何帮助处于昏迷状态的人

杰瑞：常常有人说："我有一位亲戚正处于昏迷中。"对于昏迷中的亲人，我们有什么可以做的呢？

亚伯拉罕：你和你周围的人用振动交流更胜于言语，因此，即使你的亲人没有苏醒的迹象，并不意味着你的交流未被收到。即使有人处于濒死状态，你同样可以与之交流，不要误认为他处在昏迷状态便阻断了你与他交流的信号。

人们之所以会昏迷或无意识，是因为他们希望从阻碍他们的匮乏面中挣脱，并重新开始。当他们的意识从日常生活中抽离时，他们正处于和本我的交流状态中。这是一次恢复的机会，也是一次决策的机会，即是死亡或苏醒的机会。在许多情况下，这和出生的第一次情况差不多。

对于这样状态的人，你的态度应当明确：**我希望你可以做出选择，我百分百地支持你的决定。我无条件地爱着你。如果你留下来，我会欣喜不已；如果你走了，我也会无限喜悦。做你想要做的吧。**这是你可以为他所做的。

杰瑞：那么，对于那些昏迷多年的人，他们也能够做他们渴望的事吗？

亚伯拉罕：**如果时间很长，大部分人已经在此之前决定不再留下来了。但是，他们的亲人却不顾其意愿，利用机器令其存活。其实，他们的意识早已离开了，再也不会回到身体。**

我会受遗传疾病的影响吗

杰瑞：我听人们说过“我有偏头痛，因为我的母亲有偏头痛”，“我的妈妈很胖，我的奶奶也很胖，我的孩子因此也特别胖”。疾病会遗传吗？

亚伯拉罕：所谓的遗传，实际上是吸引力法则对你的思想的回应，你的细胞像你一样——可以从周围的人那里学得振动。然而，当你确定你的渴望，并发现它令你心情舒坦，那表明：你正与本我处于振动契合之中。你的细胞将很快与你的思想激发的健康的振动相契合。当你与本我契合时，你身体的细胞自然不会产生疾病。只有在你与本我不一致时，你身体的细胞才会脱轨。

你的身体是你思想的延伸。你的传染性或“遗传性”疾病多半由你的负面思想所致。只要你长期保持积极心态，无论你的父母曾患上何种疾病，你依然可以保持健康。

杰瑞：如果我听到我的母亲说她的头痛，我的思想接受了这个说法，那么，我自己也会头痛吗？

亚伯拉罕：**不管你从母亲或别人那听说什么，你对你不想要的事物的关注，迟早会带来相关的要素。**头痛正是你抵抗健康的证明，只有当你的振动与本我的健康相矛盾时才会发生。例如，工作上的焦虑或对政府的愤怒均会带来头痛——**并非只关注头痛才会有头痛症。**

杰瑞：如果我听到母亲抱怨头痛，我有意识地拒绝并说：“也许你会，但我肯定不会。”这样做有效吗？

亚伯拉罕：说来容易，但实际上，你不可能关心你母亲头痛的同时与真我保持契合。**说着你渴望的，心里却想着相反面，这并不会令你与你的渴望保持一致。注意力要从令你不快之物转移到你的渴望上。**关注你母亲令你愉快的一些方面，或者关注另外一些令你愉快的事。

流行病发生时，媒介的作用

杰瑞：最近，我从媒体上看到一些地方在免费发放流行病疫苗。这些新闻会影响流感病毒的传播吗？

亚伯拉罕：会的，这些信息会大大有利于流感病毒的传播。在我们生活环境中，电视是负面影响的最大来源。当然，你身边的每一部分都有积极与消极影响，你可以从电视和媒介中获得益处。但是它们常常带给你混乱不平衡的看法。它们到处寻找问题，将这些问题置于闪光灯下，有时还夸大其词，配上戏剧性的音乐，将之送到你的卧室。它们带给你一个问题丛生的地球，与你的健康相悖。

来自医疗广告的信息是负面影响的一大来源，它们不断跟你解释“每五个人中就有一个人患上这种疾病，你就可能就是那一个”。他们影响了你的思想，对你说“去看医生吧”。当你去看医生时（记住，医生的目的是找出身体的隐患），你的负面期望就会增加。只要影响足够深、足够长，这些负面想法会带给你相关的迹象。

记住，创造任何事物，你首先要思考它，期待它，它才会出现。他们给你相关的统计，他们告诉你恐怖的故事，他们刺激你的思想，当你被大量具体而微的想象所刺激时，你就会有情绪波动：**恐惧、害怕……我不想要**！等式的一半已经完成。

他们鼓励你去医院检查或领取免费疫苗："我们清楚地知道这是流行感冒，否则我们就不会发放免费疫苗了。"这样一来，期望也完成了。现在，你的状态恰好可以收到流行感冒，或者他们谈论的其他疾病。

不论你是否愿意，你会遇到你所想的。因此，讲述你自己新版本的健康故事十分重要。

见微知著，消灭不适感

亚伯拉罕：当你拒绝了向你而来的健康，第一个信号是负面情绪的出现。在负面情绪出现时，你也许不会出现疾病。但是长期关注令你产生负面情绪的话题，最终会使你生病。

如果你未意识到负面情绪，意味着振动失衡，并阻止了你所渴求的健康。你将和大部分人一样，接受了一些负面情绪，却觉得没有必要修正。大部分人即使感受到了压力或负面情绪，也不知道如何应对。因为他们相信，外在环境远非人力所能控制。由于他们无法控制糟糕的处境，就会觉得也无法控制自己的感觉。

我们希望你明白，你的情绪是对你的关注的回馈。在任何情况下，你都可以找到更积极一些的想法。当你一直积极思考，吸引力法则会逐步改善你的生活。取得和保持健康的窍门在于见微知著，注意处于萌芽期的紊乱。在早期微弱阶段，你更容易调整思想，一旦吸引力法则回应了长期的负面思想，将会带来更多消极面。

如果你能够下决心，绝不让负面情绪在心中逗留，与此同时，坚信应当通过调整注意力以达致愉悦，而非希望有人来改变，或者让环境一变再变，你不仅会身体健康，同样可以拥有快乐。**快乐、欣赏、爱、健康是同源的；怨恨、嫉妒、沮丧、愤怒和疾病也是同源的。**

关节炎和老年痴呆症可以治疗吗

杰瑞：由关节炎导致的关节肿大和由老年痴呆症导致的失忆可以治疗吗？无论什么年纪都可以康复吗？

亚伯拉罕：你的身体状况确实是你的思想平衡的振动指示。当你改变了思想，这一迹象随之出现。有些疾病之所以被称为痼疾，是因为你的思想太过固执，缺少改变。

大部分人的思想来自他们所见证或向别人学得的真理。如果他们一直这样思考（这与其内心不符），最终接受思考的结果。接下来，就发生了恶性循环。当他们想着令人不快之物时，对其越是关注，更多的类似之物便会流入。

你随时都可以作出改变，但首先要改变的是看世界的眼光。你必须讲述你渴望的愿景，而非你的现实。当你根据感觉选择你的思想与对话之时，你就开始有意识地提供振动了。不管你是否意识到自己是一种振动存在体，吸引力法则一直对你发出的振动作出回应。

杰瑞：一些化学物质，如酒精、尼古丁或可卡因对身体有害吗？

亚伯拉罕：**你的身体健康更多地由你的振动平衡决定。当然，身体摄入的物质也起些作用。更直接的回答是：只要你保持振动契合，令你失衡的物质都不会起太大作用。**人正是因为缺少契合，才会转而求助于此类药物。**实际上，人之所以对这**

类物质有所渴求，正是希望借此填补由振动失衡所带来的空虚感。

锻炼和营养有益健康吗

杰瑞：更好的锻炼和营养有益于健康吗？

亚伯拉罕：你也许已经注意到，有的人即使粗茶淡饭，也能保持健康；也有人合理安排饮食，积极运动，却不能保持健康。你的行动微不足道，更重要的是你的思想、你的感觉、你的振动平衡、你的内心渴望。

当你致力于寻找振动平衡，你的努力将会结出丰盛的果实。但若你不能首先保持振动平衡，再多的行动也无法弥补失去的能量。从契合的状态出发，你将做出有益的行动；从非契合的状态出发，你只会做出有害的行动。

杰瑞：我曾听过温斯顿·丘吉尔的一段话（他是“二战”中英国的领导人）：“我能躺着就不会坐着，能坐着就不会站着，能站着就不走，能走就不会跑。”他常常叼着一根大雪茄。据我所知，他 90 岁的时候，身体还很硬朗。按照现在的看法，他的生活方式算不上合理，这其中有信念因素吗？

亚伯拉罕：许多人只关注健康的生活方式对身体的影响，是因为他们只相信行动，却忽视了这一等式的另一面：你的思考方式，你的感觉方式，你理想中的自己。

如果健康者感到疲劳该怎么办

杰瑞：如果一个人明明身体健康，却觉得很疲劳，萎靡不振，你有什么建议呢？

亚伯拉罕：人们常常将疲劳或萎靡状态称之为精力不济，这个词说得很到位。由于你无法砍断与能量本源的联系，当你的思想与本源相矛盾时，抵抗\低能量使你产生了这样的感觉。**你的感觉方式一直与你的本源的契合或非契合程度息息相关。**

当你讲述与渴望有关的愿景时，你会觉得精力充沛。精力不济的感觉正是讲述与本源相悖的愿景的结果。当你关注于生活的积极面，你会觉得精力充沛；当关注于生活的消极面，你会变得无精打采。当你关注现有生活的匮乏面时，你会情绪低落；当你想象着未来的光明时，你会情绪高昂。你的感受一直由你的关注点和你真正的渴望相联系。关注内心渴望将带给你梦寐以求的生命力。

疾病因何而生

杰瑞：你觉得导致疾病的主要原因有哪些?

亚伯拉罕：疾病产生的原因如下：对令人不快的话题的关注，对由之引起的负面情绪的忽视，对这类话题的持续关注令负面情绪越来越强烈——依然视而不见并继续关注这类话题。依据吸引力法则，更多的负面情绪和负面经历被吸引过来。当你对各类情绪波动式的早期不契合现象视而不见时，疾病就存在了。

如果你有负面情绪，却未改变想法，以减轻这类情绪带来的不适，它将不断增强，直到负面情绪导致健康状况恶化。**然而，疾病正是振动的指针，当你改变了振动，指针将会指向新的振动，疾病只不过是能量失衡的指针而已。**

许多患者不同意我们对疾病致因的解释：即吸引力法则对其思想的回应。他们觉得自己从未想到这类疾病。但是，疾病并非因为想到才会发生。**疾病是负面思想的扩大指针，由微弱的负面情绪引起，并随其延续而不断增强。不管内容如何，负面思想是一种抵抗。因此，新疾病才会层出不穷。除非说明导致疾病的根本原因，否则疾病永难消除。**

你既有患病的可能性，也有保持健康的可能性。这些可能性取决于你的思想平衡。

杰瑞：那么，在你看来，疾病的致因并非是物质的？一切都是思想？

亚伯拉罕：我们知道，你希望在患病原因中找到人的行动能发挥什么作用。当你解释水自哪里来时，你也会指出，储存的水来自水龙头。但是，关于“水从哪里来”这个问题，显然不仅仅与水龙头有关。与此类似，关于健康的来源，显然也并非如此简单。你的轻松或紧张情绪，正好反映了你的思想平衡，这种平衡就像水往低处流一般，将以最直接的方式显示出来。

旧版本健康故事

我的身体令我担忧。可怜我年岁徒增，我觉得自己不再强壮，不再健康。我担心自己正远离健康。虽然我试着照顾好自己，似乎成效不大。我总是觉得世事将会越来越艰难。我已经从父母那里看到了这些迹象，我真为我的健康状况万分焦虑，寝食不安。

新版本健康故事

我的身体会对我的思想作出回应。当我的思想越令我感到愉悦时，我将会允许更多的健康降临。

我知道，我的思维和我的感受绝对相关。我知道这些感受可以帮助我选择更好的想法，它会产生更好的振动，带来更有朝气的身体。我的身体与我的思想息息相关。

我很享受选择思想的过程。不管情势如何，我都可以改变它。我的身体状况正是我长期的思想状态的显示——两者均在我的掌控中。

生命实在是一种奇迹，从一小圈细胞，变成一个完整的人。人类身体的稳定性和组成细胞的智能实在令人印象深刻，尤其是我意识到我的身体在无意识中承担了如此众多的功能。

血液在动脉中流淌，空气在肺中进出，这一切都无须意识。我的身体可以自主调节，并且完成得如此完美，这实在令人高兴。身体本身就是一个奇迹：智慧、韧性、耐力、适应性俱佳；视、听、闻、尝、触各种感觉均能运用自如。

我很满意自己的身体。我借身体来探索生活，享受它的韧性与柔劲。我喜欢物质形态的生命。

我的眼睛看到了整个世界，听到了周围的声音，我能通过深度与距离区分各类形状与颜色。我享受着身体的听觉、嗅觉、味觉与触觉。我喜欢这个世界中赏心悦目的风景，还有我美妙的生活。

我为身体的自我修复能力而惊喜不已。我看到了伤口重新长出新皮肤的奇迹，发现了创造之后的身体有着惊人的恢复力。

我了解身体的柔韧性，手指的灵活性，我的肌肉可以随时对我的要求作出回应。

我知道如何保持身体健康，并一直努力如此。只要我没有负面的思想，健康将会始终存在。

我知道情绪的价值。我知道我之所以可以取得并保持健康，是因为我可以找到并拥有快乐的思想。

在这世上的每一天，即使我的身体稍有不适，我也知道，身体的大部分均会良好地运行，健康始终是主流。

我最喜欢的还是身体对我的注意力和意识的迅速回应。我乐于了解心—身—灵之间的联系，以及生命契合所带来的强大力量。

我感谢以身体形态的存在生活，我为有这样的体验而感恩，我觉得很愉快。

关于新版本的健康故事，没有所谓对错之分。它可以是你的过去、现在或将来的经历。惟一重要的标准是：你必须有意识地去积极思考。

每天讲述给你带来快乐的小故事，将会改变你的吸引点。只要记住，你所陈述的各种想法正是你的生活的基础。讲述你心中的渴望吧！

第四章

论健康、体重、心智

你可以做的最强大的事是每天花一定时间观想你渴望的生活。我们鼓励你找到一处清静之地，每天花上 15 分钟时间观想你渴望的身体、环境、人际关系和生活。

我要享受健康

让身体与内心相契合有着重大的价值，其原因有两方面：

首先，没有什么比身体状况更令人关注的了；其次，你的每一缕思绪在头脑中流动，你对每一主题的态度皆受身体感受的影响。

因为现代科学和医学不愿承认心智与身体、思想与成就、态度和结果之间的联系，大部分人在有关身体指导的自相矛盾的细枝末节中迷失了。**一旦立论出错，在方法、结构方面的补救都无济于事。每个人的能量契合由于信念、渴望、期望、影响等各类因素的差异而大不相同，难怪没有包治百病的灵丹妙药。因此，许多人对其身体状况常常困惑不已。**

当你热衷于收集别人身体的有关信息，而非利用自身的**情绪引导系统**理解契合或非契合状态时，就好比拿着另一国家的道路图来设计本国的道路：上面的信息与你无关，你也无法确定自己现在的状态。

你发出的许多信息常常与我们已知的（还有吸引力法则）

相矛盾，我们乐于谈论你和你的身体与日后的美好生活之间关系。我们乐于帮助你对如何保持身体健康有更清晰的了解，成为你愿成为的人（*在身体、心智及灵魂意义上*）。**当你所关注的思想与本我的思想相一致，你的身体会无限地给你带来无限惊喜。**

我要平衡我的渴望与预期

单纯地冥想身体特征并进行相关锻炼无法达致你理想中的健康状态，没有对身体与无形振动形式本我的关系的了解，就没有一贯的领悟与控制。对你来说，令人愉快而健硕的身体似乎来自适当的饮食与活动，实际上，至关重要的是，你的身体与无形存在之间的振动契合。

一旦你开始关注自身的振动契合，你就将自己引向了健康之路。如若你利用别人的状态、经历、观点作为自己健康的尺度，你将无法控制身体。当你一味关注与他人对比后的身体状况，而非努力与内心契合，你将永远无法掌握使自己身体健康的秘诀。

我的身体我做主

我们希望你明白，生命没有对错之分，甚至没有最好与最坏之分。有人认为，如果人们目标一致，生命就会千篇一律，但实际则不然。人有高矮胖瘦，柔韧性与灵活性各不相同，有人机敏，有人强壮……你生来便与众不同，不同的身体给世界带来别样的精彩，你的与众不同为这一时空添加了平衡。

因此，我们鼓励你：大部分人常常会抱怨自己的身体的各种不好，与此相反，我们更乐于助你寻找你所独有的闪光点。当你在分析和评价自己的身体时，自我赏识不仅对你的外在有益，对你的内在平衡也同样重要。

杰瑞：这令我回忆起了我练习吊杠和吊环的时光。对于“飞人”来说，我体重偏高；对于“猎者”来说，我体重太轻。除非我能更轻或更重，否则，吊杠实在不适合我。但是，我依然是空中飞人，我表演了一套“空中杠”动作——既没人追我，我也不需追任何人。我不觉得自己缺少什么，因为我并不认为自己要长得胖些或瘦些。我只是找到了我的乐趣，给我带来了做空中飞人的美好感觉。

亚伯拉罕：很好，这很不错。

可否视自己为完美的个体

杰瑞：我们不也可以用相同方式看待我们的体重、精神状态或才智吗？我们每一个人可以视为完美无缺的个体吗？

亚伯拉罕：我们并不十分鼓励你将当前的状态视为“完美”，因为人有不足，才会有奋斗的动力。当你关注生活时，美好的经历可以带来愉悦，也令你与本我相契合。**我们鼓励你在身体健康方面的想法与本我的看法相一致，而非令你的身体与你所见的周围人的身体相一致。**

抵抗厌恶之物会吸引更多类似的

亚伯拉罕：随着你逐渐领悟“通过思想而非行动创造”，你常常会事半功倍——没有了挣扎，你也会有更多的乐趣。你无时无刻不在提供思想，获得积极而令人愉悦的思想将会令你益处多多。

从你出生以后，社会便不断灌输要反对消极面，大部分人都有这个思想。有“反对毒品的战争”、“反对艾滋病的战争”、“反对癌症的战争”。许多人相信，获得渴望之物的办法便是打倒消极面，因而，许多人关注于如何反对消极面。然而如果你能够想象我们一样看到吸引力法则的巨大威力，如果你能明白你的所思所想会带给你同类之物，你就会明白，你的所作所为会导致多大的倒退。

当你说：“我病了，但我不想生病，我要打倒疾病，我会采取行动打倒疾病。”你的抵抗与负面情绪只会吸引这一疾病。

关注匮乏带来更多匮乏

亚伯拉罕：每一话题均有两面：一面是你的渴望，另一面则是它的匮乏。说到你的身体，由于你的每一思想皆赖身体的过滤，如果身体不能如你所愿地感受，你的许多自然思想（你的思想中非常不平衡的一部分）会落向匮乏面，而非你的渴望面。

从匮乏面出发，你只会吸引更多同类，这正是节食常常失效的原因：你知道自己肥胖，这不符合你的心愿，当这一状况糟糕到令你忍无可忍时（无论是你自己的观点，或别人的暗示），你会说：“我实在不能忍受这糟糕的状况了。我要节食，我要减掉身上的赘肉。”然而，你关注着身上的赘肉时，只会令之持续。**达致理想彼岸的惟一之路在于：全身心地关注你的渴望，而非你所厌恶的。**

恐惧的种子令人更恐惧

杰瑞：我的一位密友是我生意上的合作伙伴，他曾经参加了一次医学研究。他说虽然自己健康得很，如果这对别人有利，他依然会参与，因为在那些地区，与他差不多年纪的许多人都死于同一种疾病。前几个星期，我们刚得知，他也被诊断出患上了那种疾病。现在，他已不再健康了，但他对这病似乎一点也不害怕。他的疾病仅仅是因为对它的关注吗？

亚伯拉罕：正是因为对疾病的关注，即正是由于他的助人之意导致了疾病。他允许医生翻来覆去地检查他的身体，在检查过程中，他收到了别人思想的足够刺激，令其意识到生病的可能性——不仅仅是可能性，而且是大概率事件。**他们给他种下种子，随着检查的进行，他的身体也对相应的思想作出回应。**

这个绝佳的例子，说明在对疾病加以关注前，他毫无疾病，一旦对此加以关注，他的身体健康随之而变。

疾病与健康的可能性同在，你的所思所想将决定你的生活经历及其好坏程度。

疾病吸引疾病

杰瑞：我们如何处理下面的情况呢？例如，有人从电视上看到免费检查身体的消息，如果他说："我可以去看看，尽管我身体好得很，但为何不去呢？检查是免费的。"这会导致你刚才所说的"对思想刺激，最终吸引不好的结果"？

亚伯拉罕：百分百会。正是全社会对疾病的关注，才会令疾病猖獗无比。医学技术如此发达，各类仪器应有尽有，但今天的病人之多确实毫无疑问。

你说："我们该如何处理它？"我们强调：你对你的衣食住行往往十分关心，对你的所思所想却无所用心。我们希望你特别注意自己的所思所想，令思想与内心渴望相一致，思索健康，而非健康的匮乏；思索你的渴望，令你的梦想成真。

疾病的产生并非仅仅由于你有关于疾病的负面情绪，疾病同样产生于你的疑虑与胆怯。令你的思想在所有话题上与内心渴望相符，通过改善情绪状态，你的健康某方面将会得到保证。

负面情绪影响健康

杰瑞：我们的另一位朋友在家里新收拾了一个小房间给她的婆婆，她的婆婆由于健康恶化，不得不与她们一起居住，老太太不断地抱怨自己糟糕的身体和生活，还有一个接一个的手术。

我们朋友的母亲恰好也来她家，尽管人已经85岁了，可从未去过医院。但是与她的婆婆待了一周后，老人也莫名其妙地生病了，被送到医院住了一段时间。由于受到几天的负面影响，一个人的健康可以如此迅速地败坏吗？

亚伯拉罕：**健康与疾病一直与你同在。无论你的注意力何在，你会很快显示相关思想要素的结果。思想的力量十分强大。**

大部分人活到85岁时，已经积累了许多关于身体的大量消极想法。你无时无刻不受健康恶化思想的攻击。购买医疗保险的需要，购买葬礼保险的需要，时刻面临着死亡的危险等等。因此，这位老人并非从同屋中的另一位老人那里受到有关健康的第一次负面影响。

然而，她的信念与身体状况已经摇摇欲坠了，对其长寿的疑虑，与另一位老人的大量对话，以及由她周围人所引发的反应，这一切令其思想失衡，消极状况变得十分明显。当她不断注意到自己的一些不好的症状时，只会令各种病痛更快地显现出来。

当你在生活中遇到了对你思想产生刺激的人，你开始关注疾病而非健康时，当这些处境令你疑虑重重甚而怒火攻心时，你体内的细胞也将对你的思想平衡作出回应。这一负面过程可能在几个星期、几天，甚至几小时内显现。**你的生活正是你每日所思所想的产物。**

他人健康与否与你无关

亚伯拉罕：当你看着周围人的身体时，总会觉得活生生的人会比思想更真实。你常常对我们这样说："亚伯拉罕，这可是千真万确，绝非胡思乱想。"似乎真实与思想是不相干的，但我们希望你记住，宇宙并不区分基于现实抑或想象的思想。宇宙和吸引力法则只对你的思想作出回应，现实的或想象的，当前的或回忆的。你从周围所见的证据只不过是人们思想的一种指示剂，别人基于思想的创造本不该令你觉得害怕。

天无绝人之路。不管状态如何糟糕，你的身体的健康状况同样可以好转。但这皆需你对吸引力法则有透彻的理解，需要内心情绪的引导，关注积极面的决心。如果你领悟了身体对你的所思所想作出回馈，如果你将思想倾于渴望之彼岸，你一定会好转起来。

如何让所有人保持健康

杰瑞：为了保持身体健康，或者帮助周围人保持身体健康，有什么更好的办法呢?

亚伯拉罕：实际上，重获和保持健康的步骤是一致的：**更多地关注令你愉悦之物**。重获和保持健康之间的最大不同在于：当你心情愉悦时，比之郁郁寡欢更容易有愉快的思想。因此，保持健康比重获健康简单得多。**帮助别人保持健康的最好办法就是自己健康；令别人生病的最好办法就是令自己生病。**

我们知道，对于身体健康所处的困境来说，单纯寻找愉悦的思想似乎过于简单了。但是，我们向你保证，只要你通过选择更愉快的思想，改善感受生活的方式，你会惊讶地发现，令你烦恼的问题正在悄悄地发生着变化。

放松情绪，睡觉睡到自然醒

亚伯拉罕：你的自然状态就是一种健康状态。你无须与疾病作斗争，只需放松精神，进入健康状态。晚上静静地躺在床上，当你快入睡时，用心感受床榻的舒适。注意到它的宽大；注意到你颈下的枕头；注意到贴着皮肤的丝织物。**每时每刻关注于愉悦之物，你就会阻止疾病靠近；当你关注于疾病时，你就是火上浇油。**

当你关注愉悦 5 秒钟，那么，在此期间，你的疾病便不再发展。当你达到 10 秒钟时，那 10 秒钟你的疾病便不再发展。**当你一直保持心情愉悦，一直关注于健康状态——你开始健康之旅了。**

消极情绪暗示着不健康的思想吗

亚伯拉罕：当你思索疾病时，就会有消极情绪，因为这类思想与你的愿望、真我不一致。你所感受的消极情绪，疾病所引起的焦虑、愤怒或害怕，正是一种显示：你在限制身体能量的流动。

当你允许无形的能量从内心中涌出，你便向健康进了一步。因此，当你想：我身体健康，我正变得健康，健康是我的自然状态。这些思想与你的本我相和谐，你将从本我所涌出的思想和能量中获益。

一思一念皆振动。关注愉悦的思想，将会不断吸引类似的、类似的……直到你的振动频率上升到与你的本我相一致。那么，你将处于健康之中，你的身体也会迅速复原——这是我们对你的保证。你可以亲眼看到这个戏剧性的康复过程。

我怎样才能控制健康

杰瑞：这部分的主题是“健康、体重、心智的视角”。我们如何才能达到并保持呢？许多人身体状况不是很好，所以很在意自己的体重与健康。

在小时候，我已经幸运地了解到，我可以控制自己的身体。在我九岁时，看过一次乡村嘉年华，两位职业拳击手接受所有人的挑战。任何一个农民都可以付费与他们打擂台。如果农民能够打败两位职业拳击手，他们将有一笔奖金。农民们常常被打得落花流水。

时至今日，我还能回想起那点着煤油灯的帆布帐篷，灯光在职业拳击手的背部摇曳。他们的背部有两块精致有力的背肌，背脊隐藏其中，我被这一景象深深地迷住了，相比之下，我的背脊更像我们阿肯色州的吉祥物：肿背猪。我的背脊突出，没有一丝肌肉，而他的背脊则在肌肉的覆盖中，我甚至找不到它。我实在很欣赏这么漂亮的背部肌肉，8 年后，我的肌肉也成了他那样。正是从这件事中，我意识到，我可以主动创造自己的身体。

小时候，我曾经身患大病，于是学会了如何有意识地控制自己的健康。我曾看过几次医生，但是他们的诊断与治疗几乎次次出错。因此，不久，我便认识到，还是离医生远点比较好，当他们帮助我时，总是错误百出，我决定自己保持健康。

但我发现，自己对未来身体变化和将来的身体状态有几分疑虑。我能一直保持完美的体重、健康与心智吗？我觉得自己已经找到秘诀，但有时也会疑惑，我希望你能谈谈这一话题。

亚伯拉罕：我们知道，你的这段话是你思想的反应，因为你的身体与心智永远相连，身体不断对思想作出回应。身体状况正是你的所思所想的单纯反应。影响身体的，除了你的思想，别无他物。在你年幼之时，便可以控制自己的身体，这是一件好事。

当你有意识地承认，你的所思所想与所得绝对相关，你最终会不断控制自己的人生经历。如果你要得你所愿，就要意识到，你所寻找的控制之身其实早已拥有，并且专注于你渴望的经历。

老化的思想令人不快，因为你不愿衰老。因此，利用内心的引导选择愉悦的思想，你就不必担心时间的流逝。你只需下定决心：**我愿承认我是自己身体的惟一且绝对的主宰者**。我承认我是自己思想的产物。

自你出生时，你就拥有海量知识（不是希望或渴望，而是深刻的理解）。你知道自己寻求愉悦，生命不断成长；你知道自己是完美的，并向着进一步的完美而前进。

我可以有意识地令肌肉和骨骼生长吗

杰瑞：在年幼时，我有意识地使自己长出了想象中的肌肉，因为这是我的渴望，但我们也能有意识地影响自己的骨骼吗？

亚伯拉罕：能，方法一样。不同之处在于：你有令肌肉增长的信念，但却没有关于令骨骼增长的信念。

杰瑞：确实如此。我看到了一位肌肉如此完美的人，才会有渴望。因为许多人也能成功，因而我相信自己也能成功。但我还没有看到过骨骼的变化。

亚伯拉罕：社会中，之所以有些事物鲜有变化，正是因为大部分人只关注于事实。为了影响变化，你必须从比事实更高的高度俯视。**如果你亲眼所见才能相信，那么，你的一切将会慢人一步，因为这意味着：只有当别人创造了现实，你才会相信。但是，当你明白宇宙和吸引力法则对你的想象性观念的回应，同其对事实性观念的回应一样迅速，你就可以更快地创造新事物，而不必待到别人先成功一步了。**

杰瑞：那么，挑战之处在于成为“先行者”——第一个吃螃蟹的。

亚伯拉罕：前沿探索需要宽广的视野和积极的心态，但是最重要的是激情。处于渴望状态并毫无自疑，这种状态最令人满意。渴望同时却怀疑自己的能力，则令人心烦气躁。当你心中所想只有渴望，没有怀疑或自卑等矛盾时，宇宙将会很快作出回应，你也最终感受到自主思想的力量。但是，这样的“纯”思想需要反复实践，它需要你更少地观察现实，更多地观想你将要经历的。为了获得你渴求的健康，你必须花费更多时间思考和谈论你将来想要的生活。

你可以做的最强大的事是每天花一定时间观想你渴望的生活。我们鼓励你找一处清静之地，每天花上 15 分钟观想你渴望的身体、环境、人际关系、生活。

已经发生的与将要发生的毫不相干，别人的经历同你的经历毫不相干……但为了实现你所渴望的，你必须从尘世中，从过去和别人的羁绊中，找到脱身之道。

渴望与信念的力量

杰瑞：人们已经奔波了几十年，但从未有人在 4 分钟内跑完 1 英里（1.609 千米）。后来，有一个叫罗杰・班尼斯特的人打破了这一记录，现在，许多人都能在 4 分钟内跑完 1 英里了。

亚伯拉罕：当人们突破了别人都未完成这一事实所导致的信念时，对别人十分有益。因为一旦他们创造了新的奇迹，别人也会观察，并渐渐相信这是可能的——正因如此，你的每一次成功都对社会有益。

你的生活不断地改善与增长，但并非每个人的生活都蒸蒸日上。然而，我们希望你在亲眼看见前就相信它。我们希望你知道：相信它，你将亲眼看见它。当你心中的念头令你觉得合情合理时，你一样可以走进它的现实。当你认识到，你不必待到别人成功，才知道此事可成，你将会感觉到更大的自由。当你实践新的想法，激发新的情感，你将看见宇宙提供相关的迹象，你将了解自己真正的力量。如果有人告诉你，你患上了不治之症，这时，你可以自信地说：**“我的生活由我决定，因为我是自己生活的创造者。”**如果你的愿望足够强烈，它将永远胜于你的负面信念，你也会很快康复。

这和一对母子的故事差不多。有位孩子被压在了乱石之中，石头的重量是这位母亲的许多倍，但是，在强烈的渴望下，为了救出孩子，母亲搬开了所有石头。在一般情况下，她连一块石头也搬不动，但是，在救出孩子这个强烈的渴望下，她平时的固有信念也被抛之脑后了。如果你问她：“你相信你可以搬动这块石头吗？”她会说：“当然不能。我连一只装满的旅行箱也提不动。”但是，信念与这无关：她的孩子处于死亡边缘，她希望救出孩子。于是，她成功了。

我觉得自己在危险的病菌环境中该怎么办

杰瑞：我确实希望保持健康，但有时也会身不由己。每次我去医院探望病人，经过医院过道时，都会屏住呼吸，以避免吸入病菌。

亚伯拉罕：你的探望时间一定很短（哈哈）。

杰瑞：时间确实很短，而且我还不时走到窗户边，吸些新鲜空气……如果我相信注意呼吸可以避免病菌，这一信念可以令我免于患上疾病吗？

亚伯拉罕：你以一种奇怪的方式保持自身振动平衡。你希望健康，你相信病菌会令你生病，你相信自己避免了病菌，阻止了疾病的进入，所以你保持了平衡。然而，这样做实在辛苦得很。

如果你用心聆听**引导系统**，你就不会进入一个你认为有疾病的环境中。你走进医院所引起的害怕，表明你在取得振动契合前便开始行动了。你可以不去医院，但觉得不安，因为你知道朋友会因为你的探访而十分高兴。所以，你要找到一种不令自己害怕的方式探望朋友，在你进医院前找到振动契合。最终，你可以完全相信你的健康，你对健康的渴望如此强烈，在任何情况下均能保持健康。

当你与真我相契合，并聆听强大的引导系统时，你进入任何环境都不会对身体产生威胁。不幸的是，许多人为了取悦别人而无视自己的引导系统。两位进医院探望的人，一位也许感觉不到对健康的危险，而另一位则觉得步步惊心。前者不会生病，后者则会——并非因为医院里的病菌致人生病，而是因为你的身体感受到相关振动。

我们没想改变你的信念，因为你的想法也没什么错。我们更期望你意识到自身的情感引导系统，这样，你可以在渴望与信念之间取得振动平衡。做“正确”的事就意味着：你的所作所为与你的意图、信念相符。

杰瑞：那么说，“胆小怕事者”也没什么错喽？

亚伯拉罕：许多人常常不顾自身的引导系统以取悦他人，也有人会称你为“自私鬼”、“懦夫”。

有时候，我们被人责任成太“自私”，我们承认这一点。

如果你提高自己的振动，并与你的本源相契合，那么，你也无法给予别人什么东西。当别人的振动显然处于失衡之中，你的行动改变也不会给他们带去平衡。

当你越多地思索与谈及自身的健康时，你的健康振动越稳固，吸引力法则将吸引来更多健康。**越多地讲述健康的愿望，你将越少地自觉虚弱，你的吸引点的改变将产生不同的境遇，不同的境遇也会令你生出不同的感触。**

我被引向所喜欢的

亚伯拉罕：通向渴望生活的惟一道路在于走少阻之路或走宽阔之路：允许同你的本源、你的本我、你的真我，还有你的渴望相连。这些可以在愉悦的情景中显现。如果快乐是你的重中之重，当你的对话不利于健康时，你就会感到烦躁不安，也会收到警报。你可以选择更愉悦的思想，并回到正轨上。

当你心情沮丧时，引导系统正提醒你——此刻，你正发出抵制的思想，它阻止了令你前进的健康之流。这好比引导系统反复提醒：**你犯错了！你犯错了！负面情绪意味着你正在吸引令你不快之物。**

许多人忽略了引导系统，并不断容忍负面情绪，这样一来，白白失去了来自更广视角的点拨。但生活一旦让你确定了你的渴望，当你关注反面或匮乏面时，必伴有负面情绪。一旦愿望生发其中，你必须注意：渴望方能愉悦。这是因为，你只能在生活铺就的道路上不断前行。一旦你确定了有关健康或身体的愿望，你对匮乏面的关注必伴有负面情绪。

当你烦恼时，务必停下手中的活，对着自己说：“我渴望

什么？”因为你将注意力转移到了你的渴望，负面情绪将代之以积极情绪，负面吸引则代之以正面吸引——很快，你又会回到正轨。

首先，我要让自己高兴

亚伯拉罕：当你的特定思维已有一段时间时，很难迅速改变思考方向，因为吸引力法则会不断提供同类之物。有时，当你处于消极状态中，另一位不在消极状态的人会反对你当前的看法，这会令你不断地为自己辩解。**为自己辩解只会令你继续处于抵抗状态。**许多人之所以常常毫无必要地处于抵抗状态，是因为对他们来说，“正确”与否远比快乐更重要。

当你遇到一些坚持说服你的人，他们与你进行负面谈话，以令你相信，你是“不顾他人感受的”或“冷心肠的”，特别是你不听、不相信他们的观点。但是，当你为了取悦一位处于消极状态的朋友，放弃了自己的良好情绪（当你的思想与真我协调时方能产生），你付出了巨大的代价，却什么也帮不到他。你那翻江倒海难受的不适感正是本我的警告——这一行为、这一对话与你的渴望不符。你必须让自己快乐，否则，你将被卷入周围的负面之物中。

百年之后，我们还能做什么

杰瑞：我们到了一百岁后，还可以控制自己的身体吗？

亚伯拉罕：所有的限制都是因你思想上的限制——一切皆有可能。

杰瑞：人终有一死吗？

亚伯拉罕：你的意识永远不会终结，实际上，并没有所谓“死亡”。但是，随着大限将至，你的意识将会同你所确定的身体脱离。这一切取决于你何时不再关注身体。如果你关注愉悦之物，不断发现红尘中令你激动欣喜的新鲜事物——你可以继续关注你的身体而无限制。当你关注消极面，而且长期减少与本源之联系时，你的生命将会缩短，因为没有了本源的能量，你的身体无法长期存在。你的负面情绪乃是警报，你正与本源切断联系。所谓“笑一笑，十年少”，正是这个道理。

死亡只不过是某一形式的自杀吗

杰瑞：所有的死亡都是某一形式的“自杀”吗？

亚伯拉罕：这是另一种开始。因为你生活中的每一件事——包括你所称之为生理死亡的——都是自作自受。**大部分人都是好死不如赖活着。**

杰瑞：对于那些决定结束生命自杀的人，你有何看法？

亚伯拉罕：无论你的思想是自主决定的，还是生活所引发的感悟，两者并无差别——你依然在思考，提供振动，接受其结果。无论你是否有意，你一直创造着自己的现实。

许多人因为各自不同的原因，希望控制你的行动，希望你的行动能够超脱生活，但是，留给他们的只有失望。因为他们无法控制别人，每次的尝试只留下失败。因此，许多人希望通过“自杀”来摆脱这样的经历，但我们希望你知道，即使如此，你依然会对这个世界保留一段美好的回忆。

有许多人的生活如此艰难，他们与本源、健康的联系长期中断正是其死因所在。有的人在发现尘世无可留恋时，他们的注意力便集中于无形之物，这也是死因。也有的人不明白能量、思想如何契合，尽管希望快乐，却依然沉溺苦海，因而选择了悄无声息地离去。

杰瑞：那么，在某种程度上，我们可以选择自己的生命长度吗?

亚伯拉罕：你需要有求生之志与愉悦之情。当你偏离了引导系统，继续令你偏离本源的思考时，你正逐步减少与本源能量之间联系。没有了它的浇灌，你的生命之树必将枯萎。

控制体重之法

杰瑞：你对那些希望减肥的人有何建议呢?

亚伯拉罕：关于本话题，有着诸多信念。许多减肥者已经尝试了许多办法，可依然无法保持长效。因此，他们认为自己无法控制体重，因而不能减肥成功。

我们鼓励你想象自己理想中的完美身材，如此看待自己定会收效。别人的看法和证实，还有其他迹象均会在你的生活中出现。

当你自觉肥胖时，你自然无法吸引苗条。当你自觉贫穷时，你自然无法吸引财富。你的所在——你的感觉状态——正是你得以吸引这些事物的出发点。这就是所谓“祸不单行，福必双至”。

当你对某物有消极情绪时，不要试图立刻解决，因为你的负面吸引力只会令其愈加糟糕。分散思想，直至你觉得心里舒坦些；接着，从更积极、更新鲜的角度迂回式地重新思考。

杰瑞：那么，为什么许多人在“速效节食”后减肥成功，可不久体重重新反弹？是否因为尽管渴望足够强烈，但他们没有信念和本人的苗条身材的愿景，才会导致体重迅速反弹呢？

亚伯拉罕：他们需要食物，他们相信食物会令其增胖，他们关注于他们所不愿的。但是，这个过程很复杂。至于为何他们减肥后体重迅速反弹，原因主要在于：他们没有一个理想中苗条的自我形象。他们依然觉得自己很肥胖，依然如此思考，这也是他们持有的形象。你的身体一直对你的自我形象作出回应。这正是为何当你觉得自己健康时，你将会健康的原因。如果你觉得自己很苗条，或者想象你所渴望的体形，那也将是你的未来。

我可以随心所欲吃东西吗

亚伯拉罕：有人认为，如果他们照我所言随意而为——寻找令自己愉悦之物——他们一定乐于大饱口福，可这不利于保持健康与体重。当人们不悦时，常常会选择事物来弥补空虚。然而，如果你已能够保持一定的振动平衡，了解将思想投注于你想象的形象中带来的积极效果，你又相信，某些食物与你的渴望相矛盾，消极情绪将会出现。**采取令你不悦的行动绝非好主意，因为消极情绪意味着能量失衡。**任何伴有消极情绪的行动只会导致消极的后果。

并非因为特定的食物不利于健康，令人产生了消极情绪，而是因为互相矛盾的思想致此。同样食谱和训练项目的两个人，也许会有相反的结果。这意味着，减肥绝不仅仅是饮食与卡路里的消耗。**你的结果只与你思想所引起的能量契合有关。**

有一个值得称赞的法则，那就是：“快乐心情，饮食有度。切莫贪求饕餮之乐。”当你将情绪平衡置于重中之重，你与食物的关系，及对食物的冲动将有所改变，更重要的是，你对食物的回应也将改变。改变饮食而不改变振动收效甚微，改变思想将会结出累累硕果，甚至无须改变饮食。

你想要有苗条的身材，但却不相信自己。你的信念依然是：**如果我吃了这食物，我一定会发胖。**虽然你渴望苗条，但饮食增胖的信念会令你在饮食中伴有负面情绪。你也许会后悔、失望或愤怒——**无论是什么，饮食令你不快是因为：你所持的信念、渴望，使得这一行动处于矛盾之中。如果你随性而为，就会发现，食用与你信念相符的食物时令你愉悦，反之则不然。一旦你有渴望，与之相矛盾的行动必会令你产生消极情绪。**

关于食物的看法

亚伯拉罕：你有关食物的看法在你的生活中有所反应：

如果你相信自己可以随意食用而不会增胖，这正是你的经历。

如果你相信自己极易长胖，你果真如此。

如果你相信某些食物可以给你能量，它们就可以。

如果你相信某些食物令你的能量流失，它们就可以做到。

如果你渴望苗条，但你相信单靠节食无法减肥，当你饮食时，就会不断增肥。

许多人常常对我们的分析不屑一顾，认为我们对食物的看法及其如何影响现实的分析过于简单。他们相信自己的看法是通过观察而证实的，他们疏于分辨自己生活的“事实”证据和由对别人观察而来的证据。

然而，观察所带给你的不过是少量而片面的信息。除非你考虑了渴望和期望，否则，对饮食的计较就一无所得。在创造和成功的过程中，你可不能简单地漏掉这一最大因素。

人们对食物的反应各有不同，因为食物不是连续的——思想才是。而你对食物的所思所想造就了这一不同。

别人对我身材的看法无关紧要

问题：一位密友告诉我，我的腹部有一层赘肉，我最好能够消灭它——通过锻炼或节食。因为他和我关系极为亲密，我对此很重视——而我的赘肉又加了一层。

亚伯拉罕：我们希望你牢记的一件事就是：当你使用“别人”时，一定要紧随“无关紧要”，不论他是谁。

我们当然理解别人在你生命中的重要性，但你不应让他们左右自己的观点。无论何时何人影响你关注令人不快之物，你都收到了负面影响。

我们希望你稳固地实践自己的思想，不受他人观点的左右。当你不再处于抵抗之中，你才能感受到真正的自由，那意味着，你已知道如何将你的思考与本我的思考长期保持契合。当人们将别人的观点与看法置于心中，我们从未发现他们取得了契合或获得过真正的自由。这其中有太多的变量，不能全部解决。

那么，当有人说：“你身上的某些东西令我讨厌。”你就说：“看看别处，你觉得我的鼻子如何？很可爱，不是吗？我的耳朵如何？”我们鼓励别人寻找积极面，将会快乐至极，不要让别人破坏这份好心情。实际上，我们会不断实践我们的积极思想，直到我们的感受不再轻易波动。

关于身体的旧版本故事

我不喜欢我的体形。我也曾经有修长苗条的身材，但是要保持可不容易，而且时间总是很短。我似乎只有通过不断的努力，才能保持良好身材，而且不能持续。为了苗条身材，我早已放弃了口腹之欲，饕餮之乐，这可真难。我的新陈代谢似乎不允许我享受美味。这太不公平了，可我不想胖。

关于身体的新版本故事

我的身体基本上是我思想的反映。我已知道掌控思想带来的力量。我期待身体的变化，它反映了我思想上的变化。当我的身材苗条了，我很高兴，我相信这些变化将会不断持续。与此同时，对于现在的处境，我并不抱怨，这令我心情舒畅。欣赏自主思考带来的结果实在有趣。我的身体能对我的思想立刻作出回应。我相信这一点。

关于你的新想法，没有对错之分。它可以是你的过去、现在或将来的经历。惟一重要的标准是：你必须有描绘一个更好身体愿景的意识。

每天讲述给你带来快乐的小故事将会改变你的吸引点。只要记住，你描绘的愿景正是你生活的基础。讲述你心中的渴望吧！

第五章

职业生涯，快乐的源泉

最好的赚钱方法莫过于做你喜欢的事。财富将会源源不断地流入你的生活。财富的流动只与你的财富态度有关。

如何迈出事业的第一步

杰瑞：我们如何才能选择合适的事业呢？我们如何才能在选定的事业上成功呢？

亚伯拉罕：你所谓的事业是什么呢？

杰瑞：事业就像是人一生的主要工作。人们在这个职业中投入最美好和大部分的时光，沉浮于其中。当然，在大部分情况下，人们会期望得到丰厚的经济回报。

亚伯拉罕：你的“一生的主要工作”指什么呢？

杰瑞：人们会计划花费大半生命所做的事情，像工作、职业或商业、贸易……

据我所知，一直以来，选择一项事业，并期望从中获得快乐，都是人们普遍的信念。自打我小时候起，人们就开始问我长大后想做什么。我意识到，在我小时候，周围的大人便在逐渐培养我选择一项事业的自觉意识。我记得，当我看到牛奶工送来了装在玻璃瓶中的美味牛奶时，我一边看着他离去，一边憧憬着成为一名牛奶工；有一次，一位警察拦下了我母亲的车，而当时我对任何可以命令我母亲的人都极其崇拜，因而有一段时间，我决定要做一名警察；可不久，一位医生治好了我的胳膊，我又想成为医生；又一次，我家着火了，消防队员似乎又成了我的最佳选择。

甚至到了许多人所认为的成年后，我仍然在考虑各种各样的选择。周围的人对我有些失望，因为我总是从一件事换到另一件事，而没有从事我一生的事业。

亚伯拉罕：关于你小时候的故事，许多人也许会将不断变化的念头称为孩子气或不现实的，因为你生活中的一些事件影响了你长大后的理想。但我们会承认：你一直受到生活中的有关事件的启发，当你允许自己跟随这类想法的流动时，你遇到快乐的机会会更多。如果你听从别人使用判断他们自己成功与否的标准来选择事业，如家庭或工资，你未必会幸福。

毫不奇怪，许多人对于如何选择将来的一生事业无所适从，因为人们最大的愿望是享受绝对的自由，以及在寻找快乐的过程中获得提升与锻炼。也就是说，没有享受到真正的自由，你绝不会快乐。没有快乐，你就不会经历真正的提升。因此，虽然在许多人眼中，你很孩子气，但正是你的生活令你鼓起了勇气，经历着一个又一个的冒险。

我们鼓励你下定决心，越早越好，生存的理由与主要目的是永远快乐地生活。那将是一项最明智的事业选择：专注于同你的内心相和谐的活动与愿望，它会带来自由、成长和快乐。将快乐生活作为你终生的“事业”，切莫一味寻求带给你足够工资的工作，用金钱来寻找快乐。当你相信快乐至上时，你的工作将令你开心，你就找到了最佳结合。

在任何情况下均能谈笑风生，你自然可以快乐。当你首先达到振动平衡，从快乐之地吸引环境与经历，你的快乐就可以天长地久。

你是做什么的

杰瑞：现在，在一些社会中（我们一般称为原始社会或土著社会），人们仍然不是以工作为生。只有在他们饿了的时候，他们才会去采摘水果。

亚伯拉罕：他们会看这些吗？（哈哈）不，他们不会。你觉得这些东西的主要阅读人群是哪些？

杰瑞：那些相信一份有一定工资的工作是必要不可少的人。

亚伯拉罕：人们认为他们应该在年轻时找到一项事业，并用余下生命全力打拼，你认为这一看法的主要原因是什么？

杰瑞：当然，每个人情况各有不同。但是，对大部分人来说，我们应该找到一份挣钱的工作，这是一个道德或伦理信条。如果单单享受财富而没有任何回报，不事生产，从常理上来讲，似乎是不合适的。

亚伯拉罕：你说得对。大部分人觉得只有通过努力或工作，才能判断自己的存在价值，这也许就是为什么当两个人第一次见面时一定会问：你是做什么的？

杰瑞：40 多年来，我都是只有一个半小时的工作时间，这就足够我生活了。人们常常会埋怨为何我工作这么点时间，却有如此丰厚的工资。我常常去辩护，我会告诉他们，在这 90 分钟里，我花费了多少脑力，我花了多少年才达到如此熟练的程度，在工作之前，我得做多少准备工作。我总觉得，我需要说明我的工作和我的所得是相当的。

亚伯拉罕：当你处于振动契合时（那即意味着你与内心的本源相一致，你的愿望与信念处于平衡中），你就会觉得没有解释的必要。许多人常常试图向别人解释自己的行为或想法，但是，试图用别人的观点来引导你寻找契合，未必就是正确的。你应当信任渴望自己的引导系统。

许多人都试图令你与他们的规则或看法一致，但如果你将他们的愿望置于你决策的中心，只会不断远离同“真我”的契合，还有你与生俱来的渴望，以及你当前的各式经历。**你将永远无法品尝自由的鲜美，除非你放弃取悦他人的想法，而代以与真我（你的本源）相契合的强烈意志。注意你的感觉，选择令人愉快的思想——让你知晓：你已找到自己的契合。**

当你觉得有的人反对你，你的天然反应就是为自己辩护，但是，如果你能够与本我相契合，你为自己辩护的心情自然就会淡化。因为所有的脆弱感均已被真我的契合所取代。

无论你作出什么选择，总有人持反对意见。但当你能够保持平衡与契合时，大部分注意你的人将会更倾向于向你学习成功的秘诀，而非对你吹毛求疵。那些依然批评你的人，无论你的论证如何具有说服力，他们永远不会满足。

你没有必要时刻关注别人的匮乏感，只需保持内心平衡即可。如果你允许你的周围，或者一两个人对你的愿望、所作所为任意指点，你将失去内心的平衡，因为你的自由感——从你出生时，便处于核心地位——受到了挑战。当你关注自己的感觉方式，将思想与真我互相契合时，你将提供一次成功的范例。这对于那些关注你的人有着巨大的价值。

你不可能为了帮助穷人而令自己更加贫穷，为了帮助病患者而令自己患病。你只有通过提升自身状态、力量和契合，才能对他人有所帮助。

吸引力法则与毕生事业

亚伯拉罕：渴望事业的基本原因是什么？

杰瑞：我看了最近的一个研究结论，在更高的声望与更多的财富之间，大部分人选择的是前者。

亚伯拉罕：那些为追求声望而活着的人，用别人的观点取代了自身的引导系统。这样的生活未必美好，因为你的旁观者不会一直关注着你，大部分人更在乎别人对他们的看法，而非自己的个人感受，在别人的引导系统下绝无一致性可言。

有时候，人们会担心，如果只考虑令自己开心，对周围的人不太注意，似乎太不公平了。但是，我们知道，事实恰恰相反。当你注重与本源的契合，它可以通过你的感受方式而显现，而且保持与其联系，你所关心的每一个人都会从你的关注中受益。

我们理解，当别人对你青睐有加时，他们对你的关注会令你十分开心，他们所做的就是我们刚才所解释的：在对你的欣赏中，他们与本源相连，并且与你共享愉悦。但是，希望别人与本源保持契合，并将你置于其关注之中，使得你可以分享他们所提供的幸福雨露，这过于不切实际。因为你无法控制别人也不会一直受到他们的关注。然而，你完全可以控制你与本源的联系，当你的主要意识集中于你的联系时，你将不会在乎别人高兴与否（你不可能永远令其开心），你将保持一贯的良性联系以及健康。

有趣的是，那些注意自己所思所想的——他们一直令自己处于积极的情绪之中，与本源相连，在其所关注之处流出积极思想——一半被认为是富有吸引力的，那些人更容易得到别人的欣赏与赞同。

你不能从自身需要或匮乏出发，而寻求他人的赞同。一间可以欣赏窗外美景的办公室，刻有你名字的专用停车位，或是巨大的声望，这一切均无法填补你与真我不契合带来的空虚。当你的内在契合时，这一切就显得不那么重要。

努力工作之后，依然空虚

杰瑞：我从事娱乐行业已有 20 年，也收获了很多乐趣。我面临着各式各样的冒险与挑战，每天都有新鲜事……然而，我常常对朋友说，我觉得自己的生活就像在沙漠中行走一般，当我回首时，脚印早已不在。我觉得自己带给观众的快乐只是暂时的，并没有留给他们一些可以永远珍藏的东西。

我们是否天生就希望可以鼓励别人呢？它们来自另一层次的自己，又或自我们诞生之日起，便向周围的人学习这些？

亚伯拉罕：**他们天生便希望活得有价值，希望不断提升自我。自你降临人世之日起，你便明白自身的价值与快乐所在。**你所描述的匮乏感，并非由于你未给予他人持续的价值，而是因为你的思想偏离了与内在的契合。它的原理如下：当你与内在相契合，你会不由自主地帮助与你接触的人，在契合状态中，你基本上不会注意处于非契合状态的人。**当你兴高采烈时，吸引力法则不会让你处于失意者的圈子中；当你郁郁寡欢**

时，吸引力法则不会让更多的开心果在你周围出现。

即使花费再多的时间、能量、行动，你也无法弥补自身的非契合状态。你无法找到有效的点子来弥补其间的差异。你对周围人的价值只与一件事有关：你同本源的契合。你惟一能给他们的就是契合的范例，他们可以借此观察、思考、渴望，并取得成功。但你无法直接将其给予他们。

你提供给观众的娱乐实际所起的作用，远比你所认识的大许多，因为你让他们暂时忘却了烦恼。当你的观众暂时忽略了令人烦恼的事情时，就暂时与本源取得了契合，许多情况均如此。但是你无法满足每一个人，为了保持他们的快乐，而让你成为他们惟一的关注所在。**每个人都为自己的所思所想负责，也为他们时刻所关注的内容负责。**

在人们的内心深处，都知道自己在这个世界是快乐的创造者。你一直向此而前行，但是，并没有一系列目标需要你逐个完成。你的意志通过物质环境不断唤起成长或渴望，你会通过与本源相契合而实现。你知道自己在参与创造中自然会产生渴望，一旦渴望在你的心中生根发芽，你就可以将思想集中于此，直到取得期望——而你的渴望不久就会实现。

你周围人在你的创造中所起到的基本作用，乃是你渴望的降生肥沃的土壤。**你来到人世的目的不是用自己的价值排斥别人的价值，而是通过与周围事物的结合，激发新的想法。与别人的对比，只不过是进一步激发内心渴望的手段。这并不是为了减少或削弱你的价值与光芒。**

生活并非是你工作之余、周末时光、退休之余才能享受的乐趣。你的生活就在当下，在于你此时此刻的一念一思。如果工作令你感觉不快乐或苦闷，并非因为你未找到正确的位置，而是因为你的视野笼罩于矛盾思想的云雾之中。

如果你在旅途中闷闷不乐，那么，你的旅行就很难有一个圆满的结局。结局当然不能判定方法，方法或路径则常常会带你通向目的地。

我的成功会有益他人吗

杰瑞：对我来说，自由一直是最宝贵的，因此，我从未想过因为财富而放弃它。我常说，我对金钱的兴趣不大，因为我不会为此而放弃自由。但是，在一段时间里，“沙漠中没有留下一点脚印”的想法让我产生了疑问——除了快乐之外，生活中是否还有比它更重要的?

在意识到这些后，我发现了《思考致富》这本书。虽说我对思考或致富的兴趣都不大，这本书却吸引了我的注意，我十分好奇。翻开它，我像触电一般领悟了其中的道理，这本书所说的对我的生活起了重大的转折作用。这本书的题目：**决定你的渴望**！看上去似乎很简单，我却以一种奇怪而新颖的方式感受到了它的力量。在我人生中的第一次，我有意识地决定了自己的渴望，并将它记录下来：“我希望自由自在；我希望做自己喜欢的，我希望不与商业活动沾边；我希望我不会长居一处；我希望没有老板；我希望无须担负责任；我希望自由！我希望控制我的工资；我希望可以随意行走，爱上哪儿就上哪儿；我希望在工作中与我打交道者都能从中受益（或者保持原状），没有人与我打交道而受到损失。”

当我把这些告诉别人时，他们通常会哈哈大笑，然后说：

“杰瑞，你真是个梦想家。现实可不这样。”我会说：“一定会有的。爱默生说过，如果没有实现的希望，你就不会有渴望了。”只要我相信就行。我真的期待，在某一时刻，真正的机会将会出现……

当我清楚了自己的渴望大约30天后，我碰到了一个人，他给我讲了他的计划，并邀请我去加利福尼亚州工作——现在，我所要求的一切都梦想成真了。这份工作在第二年就开始蓬勃发展，我已经写下的愿望有了更多实现的机会。

我希望自由、成长、愉悦

杰瑞：我并没有说这件事只有我能做，或者只有我的天分与才智才能做好，我只是说：这是我所渴望的。

我们每个人都可以这样吗？只要我们清楚了自己的渴望，都可以拥有自己的渴望吗？

亚伯拉罕：是的。**如果生活激发了你内心的渴望，生活本身必然会逐渐助你实现它的每一个细节。**

在你的生活中，你在这一长段时间中不断对你的渴望作出选择。当你决定关注你的渴望，并且将它们记录下来时，这令你对自身信念有了进一步的确认。当你的渴望与信念齐至时，期望自然发生。一旦对某事的期望内生于心中，它很快就会在你的生活中出现。

在长期拥有的渴望中，自由无疑最为重要。当你发现某件事可以增加你的收入，而不影响你的自由时，你就会允许对更多收入的期望不断扩大；一旦发现某件事对你的自由有害，你就会立即排除。

你的意志之中有三大基本组合：**自由、增长、愉悦**。自由乃是基础，因为在你生活中出现的一切事物，都是对你所思所想的回应，除了你自己，没人能控制你的思想；愉悦是你基本的追求，因而你会不断保持思想与**真我**的契合；所有的抵抗均会消退，你可以实现生活中更多渴望。

我希望生活充满阳光

亚伯拉罕：**当你选择了一项事业，或者从事工作所必需的事务，如果你的主要目的是在工作中寻求快乐，你的意志三组合将会迅速地进入契合状态，伴着愉悦的心情，你可以完全进入更广阔的无形存在。此契合将会助你进一步实现你的渴望，你的增长将会迅速提高，令你满意。**

自由是你一切生活经历的基础，它并非是你可以赚取的。快乐是你的目标。增长正是这一切的结果。但是，如果你觉得自己一文不值，并希望通过行动证明自己的价值，最终，你也无法找到平衡。虽然我们解释了意志的**自由、增长和愉悦**三组合，大部分人只盯着增长而不顾其他。他们错误地认为，可以借此证明其价值——价值其实从来不是问题。你无须给别人证明什么，你也无须辩护。**你的存在理由不需要任何辩护，因为你的存在便是最有力的辩护。**

我创造自己愉快的事业

亚伯拉罕：我们希望你们将自己的“事业”作为创造快乐的重要生活经历。你不是物品的创造者，或者已有创造生活的模仿者，更非原料收集者。**你是一位创造者，你所创造的是自**

己的快乐生活。那才是你的任务，那才是你的目标，那才是你在这儿的理由。

不劳而获是不道德的吗

杰瑞：亚伯拉罕，对于那些不劳而获者，你觉得他们在道德或伦理上是正确的吗？如果有人以遗产为生，或者通过彩票赚了一大笔，又或者依靠福利或救济，你觉得这些人应该如何评价？

亚伯拉罕：你的问题暗示了：为了取得成功，必须付出。只有付出了一定的行动，才能为你的财富提高正当理由，实际并非如此。**流入你生活的财富不需任何正当理由，只需要保持与内心渴望成功的契合。你不可能一边关注成功的匮乏面，一边却允许成功在你的生活中出现。**

许多人关注消极面，丝毫未意识到体内的引导系统，他们试图通过行动而弥补其消极性思考。由于能量的非契合状态，他们得不到想要的结果。那么，他们会付诸更多的行动，但是依然无所斩获。

就像你呼吸的空气一样，富足随时供你使用。只要你允许，你的生活就会更美好。

在某些情况下，工作越努力，你会感觉越糟糕，而你感觉越糟糕，你只会更加排斥从工作中得到你所渴望的。难怪很多人泄气，不知道何去何从。因为看上去无论如何努力，他们也无法成功。感恩与“爱”，以及与本源的契合，才是最终的“回报”。在痛苦或挣扎中，你无法有所回报。当他们看到有的人貌似不劳而获，而有的人努力工作却少有回报，许多人会抱怨这不公平，但吸引力法则真是公平的。**你的生活正是你的思想振动模式的翻版。没有什么能比你的生活更公平了，当你思考时，你在振动；当你振动时，你在吸引——你一直得到你所施与的。**

杰瑞：那么，如果我们排除了财富，如果我们不是为了财富而奋斗，什么才应是我们生活中奋斗的目标呢？

亚伯拉罕：大部分人一生中所忙碌的，乃是不断用行动弥补振动平衡。他们整天所想的都是消极面，如此一来，就阻止了其渴望向生活的流动，而他们又试图通过行动弥补非契合状态。如果你能将振动契合置于首位——通过认识情感的价值并关注积极面——你将从契合中获益良多，同时也会事半功倍。

今天所作出的许多决定，都是处于巨大的振动抵抗之中，这也正是为何这么多人认为生活是不断的挣扎，同你一样认为成功与自由和他人格格不入的原因。实际上，它们本是一致的。**你无须排除财富，只须将对快乐和谐的追求置于生活首位即可。当你这样行动时，富足自然会源源不断。**

欢迎来到地球

亚伯拉罕：如果我们在你小时候就灌输给你这些思想，也许会对你大有益处。我们会说欢迎你来到地球。在这里，你可以随心所欲。你的工作，你一生的事业，就是寻找平和。

你所处的宇宙是绝对自由的。你的所思所想均会吸引实物。

当你思考事物的积极面时，你将与真我一致。尽情挥洒你的自由，寻找喜乐，伴随着喜乐与富足，所有的成长自然会到来。

但现在，并不是你在这世上的第一天。在大部分情况下，你在阅读本书前，早已有了根深蒂固的观念。你觉得自己一文不值，而且未必自由，只有通过行动才能证明自我的价值。许多人对自己从事的工作或事业毫无兴趣，但却觉得不能一走了之，因为拮据的状况远比现在的生活更令人不堪忍受。许多没有固定工作的人常常会因为缺乏经济支持或稳定的未来预期而不安。但无论你现在的状态如何，如果你能够积极地看待现有处境，你就不会不知不觉地抵抗生活，正是这种抗拒意识，令你远离了心中渴望。

你不必后悔，或因为生活失意而不断自责。如果你能真正地将此时此刻作为生活的新起点，尽力减少消极态度，抗拒不值一文的自卑感，以及由金钱所产生的各类愤怒，你的财富状况将会立刻有所改观。你只要说：**我刚刚降临人世。从现在开始，我的主要意图是寻找喜乐的理由。我渴望喜乐。对于我来说，没有比平安喜乐更重要的。**

开心最重要

亚伯拉罕：有时候，周遭的工作环境令你很不满，你觉得除了换个环境别无他法。但是，跳槽同样无济于事，特别是工资的下降，只会令你拮据的经济状况雪上加霜。所以，你继续过着不开心的日子，如尘网中的虫子一般。

如果你能退后一步，将你的事业作为快乐的回报，而非用以换取财富的工作，你将意识到，你的思想与言辞并未与你对愉悦的追求相契合。如果你说：“没有比愉悦更重要的。”你会发现，自己的思想、言辞、行动均会与以前大不相同。

只要你在当前的工作中自主地寻找积极面，与你一同工作的人将会立刻给你一些放松感。这类放松表明了你的振动的转变，意味着你的吸引点已发生了变化。一旦如此，**吸引力法则**会让你与不同的人相遇，甚至与相同的人产生不同的经历。**这样的创造由内而外，作出简单而强大的决定，令你分外愉悦，事情的发展将会出乎你的意料。**

我的事业为何停滞不前

杰瑞：对于那些选择第一份工作的，或想换一份工作的，以及考虑收入、成长空间、产品与服务需求的人，你有什么意见可以帮助他们作出正确的选择？

亚伯拉罕：你曾经的生活经历决定了你对未来生活的渴望，完美的生活也早已上路了。你现在的任务并非向那个方向努力，并找到完美的背景，你所要做的只是允许环境的展开。它会一步步带你实现由你的生活而孕育出来的渴望，若你处在消极状态，其实是更清楚你的渴望。

因此，财富的匮乏激起了你对更多财富的渴望。一位常常对你假以颜色的老板，令你希求别人欣赏你的才智与毅力；一份大材小用的工作，令你希求足以激发成长与前途光明的事业；一份常常舟车劳顿的工作，令你渴望一份与你居住地较近的工作……**我们希望告诉那些想要改变环境的人：一切已经通过振动形式等待你的到来。你过去和现在的经历确立了你的渴望，而你需要与其保持契合。**

是不是感觉很怪？但改善工作环境最快的方法莫过于：在你现有的环境中寻找令人愉悦之物。许多人的行为常常与此相反。为了给改善环境赋予正当的理由，他们会指出所在之处的缺点。由于吸引力法则带给你更多关注物的同类之物，如果你关注于消极面，更多的消极类事物将会向你涌来。**当你因为所在之处的不尽如人意而离开此处，你在下一处同样只能看到不尽如人意之处。**

思考并说出你的渴望。

将生活中令你开心的事列表。

思考即将到来的发展。

忽视你的消极面。

强调你的积极面。

观察宇宙对你加以改善的振动的回应。

我会寻找快乐的理由

杰瑞：除非人们关注于他们的渴望，并不再注意现在或以前生活中的不如意，否则，他们将继续不断创造消极的形势？

亚伯拉罕：你说得对。**无论你如何为自己的消极情绪辩解，还是搞砸了你的未来。**

你渴望中的所有事物足够供你享受好几辈子，但是，它无法在你的生活中显现，因为你迎接的大门紧闭。大门紧闭的原因乃是你不断地抱怨现实，或为你现在的处境辩解。**寻找快乐的理由，你的大门在快乐时打开。当你打开了大门，所有你曾说过“我渴望”的东西都可以涌入。我们希望，无论境遇如何，你都能快乐地生活，这是你自始至终坚定不移的内心意志。**

我所渴望的事物

杰瑞：小时候，我们曾住过俄克拉荷马州、密苏里州、阿肯色州等许多地方。为了赚钱，我曾做过许多无趣事。通过采摘浆果、养鸡、种番茄、劈柴等工作，我赚了一大笔钱（对那时的我来说），但我一点也不享受我的工作。在我到新奥尔良上高中后，又做了一些无趣的工作，例如，修理顶棚、修理金属薄板及电梯服务生。我做过的比较有趣的工作要算是海滩的救生员了。

我猜，当时周围人和我一样，爱好和工作无法相容。当我从事这样无趣而又辛苦的工作时，常常在不工作时找乐子。我和其他孩子一起在公园里弹吉他，在教室里及新奥尔良歌剧院的合唱团中歌唱。我带着一群小毛孩表演杂技，还充当他们的体育和舞蹈老师。我做过许多有趣而令人难忘的事，但并没有从中赚钱。

然而，在我成年后，那些不感兴趣的工作，我再也做不下去了。我成了一名自由职业者，想要寻找更多乐趣。我不断地寻找，在这之中，我收到了丰厚的回报。

我没打算从事音乐或舞蹈方面的工作。有一次，金属薄板工人工会大罢工，而我正好也无事可做，一位在基督教健身房的朋友邀请我参加古巴的“圣多斯大杂技团”，我成为其中一位空中翻杠表演者。从此，我不再沿着父亲为我设计的道路向前走（顶棚与金属薄板修理工有着稳定的工资，我受过职业训练。虽然我很讨厌这工作，但我是熟练工人）。因为一次工人罢工，我很容易地改变了生活的方向，接下来的生活丰富多彩，报酬也很不错。我刚开始在古巴的杂技团里表演杂技，接着又待在演艺界近20年，换了一个又一个位置。

亚伯拉罕：你的生活经历正是我们所说的最好注解。你早期努力工作却感受不到任何乐趣，这不仅帮助你确认了自己不喜欢的东西，同时也更清晰地表明了你的爱好，你明白吗？虽然你干着无趣的工作，也花费了几乎所有的空闲时间，做你所喜欢的事。这两部分恰好构成了你的快乐创造：努力工作令你渴求；你又玩杂技，又玩音乐，做你所喜欢的事，这令你长期处于允许状态。通过最少的坎坷之路，你的内心引导你获得渴望的自由、成长与愉悦。

因为你早期辛苦工作带给你强烈的不快，你才会成为少数几个允许自己寻找快乐的人，如此与众不同的经历令你显得特立独行。这一切则带给你许多你曾渴望的事物。

大部分人觉得他们想做的事，与他们相信必须做的完全不同。大部分人将挣钱放到了必须做的范畴内。这正是金钱总是不够的原因。

如果你能聪明地紧随愉悦思想的脚步，你会发现：快乐之路将会领你通向渴望。通过在生命中自主地寻找积极面，你将会与真我和你真正的渴望融为一体，化为振动契合。一旦如此，宇宙将会为你的渴望实现大开方便之门。

我的快乐能够吸引财富

杰瑞：亚伯拉罕，我举个例子，我和埃斯特从未打算通过与你的交流而获得收入。我们非常享受与你谈话。当我们将你的教导用于生活，所得收获着实让自己吃了一惊，但我们从未打算将这作为一项事业。刚开始时，这仅仅是有趣的经历，现在依然如此，但却已扩展为一项国际性事业了。

亚伯拉罕：随着生活经历的丰富，你的愿望与想法不也在不断扩展吗？即使在开始，你无法预见或描述它的发展过程……由于它很有趣，你也觉得很快乐，这也实现了你的渴望与目标——这在你工作或遇到我们之前均已存在，对吗？

杰瑞：是的。我与你交流的主要目的，本来是学习如何更有效地帮助别人获得成功。我也希望学习如何才能使我们的生活更美好的吸引力法则。

我要自由自在地工作

杰瑞：因此，大部分时候，我的事业并不是为了赚钱而开始的。它们一直是我所感兴趣的事，我也借此获得了收入。

亚伯拉罕：这正是你能享受这么多年成功的秘诀。因为你很早便将快乐置于生命中的第一要素，你可以找到各类经历来保持快乐，而尚未意识到：成功的秘密在于保持快乐。

许多人从小就接受着“寻求个人快乐是自私之举”之类的教育，你的目标应该围绕责任、风险、努力、牺牲……但我们希望你知道，你可以有责任心，乐于奉献，积极向上，并且快乐。实际上，除非你找到了真正的快乐，要不然，其余的追求难免沦为空洞的语言，毫无价值可言。**只有内心的力量才能迸发出真正的提升。**

人们常说：“我不想工作了，我不想为了点钱而去做我不喜欢的事。”我们问为什么，他们会说：“因为我希望可以自由自在，无所束缚。”但你无须逃脱行动的束缚，因为行动是可以有趣的；你也无须逃脱金钱的束缚，因为金钱与自由不是互相排斥的。**你应从消极面、抵抗、对真我的排斥、对富足的排斥中，从所有匮乏中寻找到你的自由。**

吸引力法则的积极面是什么

亚伯拉罕：**当你感受到负面情绪时，你的情感引导系统正提醒你：你在寻找事物的消极面，你正在剥夺自己实现渴望的权利。**

如果你能在注意力所在之处有意识地寻找积极面，会立即发现，当内心敞开时，抵抗已然解除。通过你的振动的变化，世界将会带给你长久的激情。

人们常常从一份工作换到另一份工作，一个职业换到另一个职业，一个老板换到另一个老板，结果发现，此处未必比上处更好。原因在于：他们无论上哪儿，都带着自己的过往。当你来到一处新环境，为了解释你为何到此处，你继续抱怨上一处如何糟糕，相同的振动与抵抗伴你而行，继续阻止你的渴望向你靠近。

改善工作环境的最佳办法莫过于：关注当前你所在环境中最好的事物，直到你思想的振动均代以感恩之情。通过振动的改变，你会允许新的环境进入生活。

有人担心，如果照我们所说的寻找现有处境的积极面，他们只会继续待在不如意的地方，但事实恰恰相反：**通过感恩之情，你解除了所有的自我设限**（所有的限制均是自我设限），**你可以获得出人意料的美妙之物。**

杰瑞：亚伯拉罕，在创造过程中，**感恩**起到什么作用呢？一种感恩之情如何等同于感激的态度？通过拿破仑·希尔的《思考致富》，我会学会了如何利用我的渴望，并不断地关注（或思考），直到实现。我为它们立下了一个目标和时间表。在遇到你们后，我意识到，我生活中最美妙的经历并非是我特别渴望的（虽然大部分均会成真），而生活中所显现的恰恰是我欣赏的。

在我们走到一起前，我已与埃斯特相交多年。那些年，我并没有对她有何特别的渴望，不过，我确实欣赏她的很多方面……她和她积极乐观的一面，完全融入了我的生活，带给了我更多快乐。

我也反复阅读《塞斯如是说》，却从未想过会有一位“塞斯”在我的生活中出现。但我极其欣赏塞斯的教导，同样还有简·罗伯茨和罗伯特·布茨。现在，你所带给我的一切，恰恰是我最为欣赏的简·罗伯茨和塞斯之间的精神交流。

40 多年前，我去过住在旧金山附近的一户家庭。他们主要依靠邮购宝石生意来赚钱。我从来没有说过对这笔生意的兴趣，但是，我很欣赏这个方式，我把这次经历告诉了成百上千的人。有一天（大约 20 多年前），当我去邮局寄出《亚伯拉罕教谕》的磁带时，突然意识到，这不正是我先前极其欣赏的邮购生意吗？通过邮购而将这一哲学传播，上百万的人从中得到激励。

我还可以给你讲一个小故事。在我和埃斯特刚迁居到得克萨斯州的圣安东尼奥城的时候，我们暂时租了一套房子，在那里，我们可以种菜，还有自己的水井……我们常常穿过房前的公路，穿过小型的飞机停靠场，直到一大片雪松与橡树林，那段日子很让人开心。

一天，我循着小鹿的足迹，发现了隐藏在橡树林后的一片小“草地”。那儿的风景漂亮极了。鸟语花香，草色秀丽，实在称得上“桃花源”。埃斯特和我都很喜欢那个“桃花源”，还曾多次返回，觉得这简直是童话世界里才存在的美丽仙境，大概在之前尚未有人发现。它是如此的神秘而迷人——我们对那里极为欣赏！我们从未说过我们渴望那片地——我们只是欣赏。

五六年后，一位陌生人给我们打来电话，他听说我们正在寻找一片土地建办公室……他所提供的7英亩（$28350m^2$）土地中，恰好包括了隐于深处的绿地。我们现在的办公室正位于此处，那7英亩又变成20英亩……有一天，我欣赏着邻居家20英亩的雪松林，那片小绿地现在已经扩展到40英亩，其中有10亩是州际空地，现在还有飞机库、直升机降落台、马厩（我们没有飞机和马）。**这所有的一切都是从我们对一小片绿地的欣赏和感恩开始。**亚伯拉罕，你能对我有关欣赏（感恩）的看法作些评论吗?

亚伯拉罕：这是真爱的振动以及你对爱的感受。有时，当你看见某人，你会被他们所吸引，为其魅力所倾倒。当你看到天使般的孩童，你自然会感受到孩童的纯洁无瑕。爱与欣赏的振动基本相同。

欣赏正是与真我相契合而生的振动。它是抵抗的离场。它是怀疑和恐惧的离场。它是自抑和嫉妒的离场。欣赏是一切消极面的离场——同一切积极面的在场。当你关注你的渴望，讲述你渴望的生活，你会越来越接近欣赏与感恩。当你怀着感恩之心，它将带你走向你的渴望，以一种强大而超乎想象的方式

行进。

让我们接着说说感恩与感激的差别。人们常常对两个词语不加区别，但我们从这种情感中并未感受到相同的振动。当你觉得感激时，你常常从自身克服的苦难着眼，你为自己不必再继续挣扎而雀跃不已，实际上你依然发出“挣扎”振动。这有点像**灵感和动机**之间的差别，前者源自你的真我，而后者试图确定你的方向。

感恩意味着情感的调整、接通、打开的过程。感恩是一种与“我已成为”相契合的振动。感恩的状态正是“与现在的我同步”。

感恩意味着从本源的眼光观察这个世界。当你怀有感恩之情，你可以穿过拥挤的大街，尽管街上的行人也许会不断抱怨，你却不会受其影响。因为你的感恩振动会除去与其不符的振动。

感恩之情是一种虔诚，它会化为**真我**。感恩之心正是你刚出生或将死亡一刻的情感，它也是我们每时每刻的探求在这个世界的回应。

约瑟夫·康贝尔试用了“极乐”一词，我们认为它等同于“追随你的极乐”。但有时候，你无法与快乐相连。因此我们说，如果你情绪低落，追随你的复仇情绪将顺流而下。如果你欲复仇，追随你的仇恨，这是顺流而下；如果你有仇恨，追随你的愤怒，这是顺流而下；如果你在愤怒中，追随你的沮丧，这是顺流而下；如果你在沮丧中，追随你的希望，这是顺流而下。如果你有了希望，你离感恩之情也就不远了。

一旦你产生了希望振动，立即列出令你快乐的事情，并且在笔记本上记录下来。列出所有的积极面，写出你的挚爱。找一家餐馆点一些你喜欢的菜，大吃一顿，不要抱怨任何事。寻找你最喜欢的事情……即使你只有一件喜欢的事，将你的注意力集中于此，它会带你通向**真实的自我**。

当你完成了上述这些事，并且积极关注内在，你将会与**真我**相契合，眼前的整个世界也会改变。**你无须为他人改变这个世界，但你必须为自己改变这个世界。**感恩之情乃是与本源相连，故而无匮乏之忧。

你的工作时间与感觉相关

亚伯拉罕：许多人觉得自己时间不够用，也有许多人觉得钱不够用，这两大匮乏常常互相缠绕，互相影响。它们之所以会互相结合，多半由于人们觉得没有足够时间完成一些成功必做之事。

人们会觉得时间匮乏的主要原因在于：过度依赖行动而获取得影响力。如果你未意识到契合的力量，并且不努力寻找自身的契合，如果你觉得工作过于劳累、愤怒、憎恶或难缠，在这种情况下，你试图通过积极行动而取得成功，但你只会觉得时间越来越少。

世上再多的行动也无法弥补能量的非契合，但当你首先注意感受与平衡，你将会有一系列美妙的经历，就像宇宙处处向你敞开大门一般。契合状态比之非契合状态的努力往往有事半功倍之效。一个契合状态者的经历恰与非契合状态者的经历形成鲜明的对比。

如果你觉得时间或财富不够用，最有效的办法就是关注更

积极的思想，列出一长串的积极面单子，寻找快乐的理由，做更多令自己舒心的事。花时间调整感觉，寻找积极面，与真我相契合。这会给你更多惊喜，帮助你更有效地利用时间。

时间的匮乏不是问题，财富也不是问题，与创造能量的连接中断才是产生匮乏的原因。空虚与匮乏只有通过一件事方能填补：与本源相连，与真我契合。

你的时间可以由你的感觉调整，虽然对每个人来说，时针走得一样快。你的契合影响你的感知，同样影响你所允许的经历。当你忽视了自己所渴望的未来生活的场景，关注生活中的问题面，你就无法从中汲取力量。

当你看到不同的人之间付出与回报的巨大差异，必然会得出结论：所谓成功，绝不仅仅与行动有关。差异的存在在于：有些人接受了思想契合带来的厚礼，有的人则拒绝了这份厚礼。

想象你正在跑 1 英里（1.609 千米），在这 1 英里内，你要穿过 2000 道门。想象在穿过前，你要自己先打开门。现在，再想象跑 1 英里，当你遇到门时，门自动打开，你可以继续同样步伐，在每一道门前无须减速。**当你与创造能量契合时，你不必自己停下来开门。你的能量契合可以让一切井井有条，你的行动也源于你所取得的契合。**

我该努力工作吗

亚伯拉罕：当你降生至这个世界时，你知道如何自觉将注意力集中于你的渴望，并通过思想的力量创造。你是一个强大的创造者，你从未打算依赖行动而加以创造。

也许要接受你通过思想而非行动加以创造的看法需要一段

时间——但我们不能过度夸大思考与陈述的价值。**只有理解了思想的力量，并能自觉地将此工具用于你的渴望之物，你才会发现生活中的一举一动正是你享受自己思想创造的方式。**

当你取得了振动契合（这表示你的思考令你愉快）并感受到了行动的动力时，你在精神与物质世界均取得了成功。当你与本源的振动频率相一致时，你会觉得行动毫不费力。从内心出发而引出行动，这样的成就总是令人愉快的。但是，没有振动契合的行动不但辛苦，而且效率极低，常常将你累垮。

许多人忙于处理细枝末节，没有时间打理真正重要的事务。很多人告诉我们，他们整天为金钱而奔波，几乎没有时间享受……当你依赖行动创造生活时，常常会累得无法享受自己的创造成果。

问题：我的工作是艺术方面，我非常享受这份工作。但当我将金钱与收入同我的工作经验相连时，我就无法快乐。它们无法相容吗？

亚伯拉罕：我们总是能听到这种故事，特别是从那些以音乐或他们所钟爱艺术为生的人那里，当他们决定将自己的爱好作为谋生的手段时，常常为了金钱而挣扎，先前的乐趣早已荡然无存。

大部分人对于金钱持有负面态度，因为他们更多地谈论自己无法担负的，以及金钱方面的入不敷出，而非金钱带来的好处。而且大部分人更多地关注于当前的事务，而非他们希望发生的，他们毫无意义地思考金钱的匮乏。

当你将喜欢的想法——你的音乐、你的艺术——与你长期感觉匮乏的事情（金钱）相混合，你的思想平衡自然会向消极面倾斜。

最好的赚钱方法莫过于做你喜欢的事。财富将会源源不断地流入你的生活。某方面，行业选择不会限制财富的流动，财富的流动只与你的态度有关。

合适的市场总是不断出现，前些年似乎尚不可行的想法，却让很多人致富。你是自我生活的创造者，你是自己事业空间的创造者，你是自我财富流动的创造者。

你无法精确地将工作分为辛苦的和简单的，因为所有与你渴望相符之事均是简单而易流动的，所有与其不符之事均是辛苦而多阻的。

当你觉得工作如同挣扎之时，你必须明白，你矛盾的思想正在不断地抵抗。抵抗源于对你讨厌之物的思考，这常常令你疲倦不堪。

关于我的事业的旧版本故事

我在每一份工作中均会勤勤恳恳，但从未被上司赏识。在我看来，老板们不断地压榨我的每一丝精力，却给以尽可能少的回报，而且常常趾高气扬。工作如此辛苦，收入却很微薄，我实在太累了。也许在别人不注意时，我要考虑退出了。周围的许多人知道得比我少，工作没我辛苦，赚的钱却比我多。这太不公平了！

关于我的事业的新版本故事

我知道一直待在这儿做相同的工作似乎不可能。我知道万事皆在运动之中，想象自己的前景有趣极了。

由于我的所在之地万事可以变得更好，这实在说不上是个问题，因为它在不断积极地向前发展。我知道，只要积极地寻找生活中最美好的东西，这类东西将会在我的生活中更普遍。

我很高兴一切早已为我安排好了。我将会不断观察生活向我展现的令人愉悦的一面，我每天都能看到新惊喜，以证实一切所言不虚。

描绘一个新的自己

不断出错，与我期望和预想不一致的事；对我不友好的人，对我不信任的人；没有足够的金钱，没有足够的时间；每天的日常琐事，每天的单调生活；每天的磕磕碰碰，这个世界不公正；别人一点都不懂，别人一点不努力，有才者不能发挥；对我以往生活不满，担心我的健康；那些超过我的人；那些控制了我的人……

我现在的状态……

当前注意力的积极面，我所真正渴望的生活方式；生活将如何好转，吸引力法则如何适用于万事万物；富足不断地流入，时间无限，可以根据感觉而变；我所见的最美好之事，我最美好的回忆；我生活的不断丰富，我生活中有趣而美妙的一面，围绕在我身边的美妙之物；如此多的意愿与效率，我自己思想的力量；我身体的积极面，我身体的稳固基础；我如何创造自己的现实，我绝对的自由和我的愉悦。

通过强大的吸引力法则对你的所思所想，你讲述的人生故事的回应，你的每一部分生活经历均由此组成。你的财富与经济实力，你的身体健康程度、柔韧性、体形、敏捷度，你的工作环境、工作满意度、奖金、机遇——你生活中的一切美好——均是由于你描绘的愿景而发生。如果你能不断地修正和改进你每日所讲述的生活故事，我们保证，你的生活必将同故事一起改善。强大的吸引力法则无所不能！

亚伯拉罕生活手记：

一次吸引力法则研讨会

你所感受的情绪，每时每刻均是你的振动指示。你的振动在你的现实与理想之间游移，通过关注而不断地转移。

这是一种振动匹配吗

各位早上好！欢迎你们的到来。为了共同创造而缘聚一处，这不是一件美妙的事吗？你知道你的渴望吗？确定吗？在某种程度上，我们认为，你们都确信自己的渴望，知道自己所厌恶的能帮助你认识到真正的渴望，不是吗？

让我们再换一种表达方式，你相信自己与你的渴望振动匹配吗？确定吗？让我们告诉你，如何辨别你是否与自己的渴望振动匹配：你生活其中。当你与财富振动匹配，你的生活助你看清你的喜好——你拥有、享受……它们在你生活中不断地流入又流出，流入又流出。当你与人际关系相匹配——你生活其中。

那么，这不过是一个似是而非的问题（不要沮丧）。我们大部分朋友以为当我们问“你知道什么是你的渴望”之时，我们所谈论的事情应当是尚未在生活中出现，也就是：**我想要它**。

当我们试图让一位朋友关注积极事物时，我们列出了一系列她可能想象的积极事物，她对我们说：“亚伯拉罕，我不想要这些，我已经有了。”她的潜台词则是：我所渴望的事物是那些尚未出现的事物。

我们希望帮助你认识到：如果你从尚未成形的立足处思考自己的渴望（它们依然未出现，你依然处于匮乏中。更糟糕的是，当你与别人对比而相形见绌时，你会感觉到负面情绪，如失望、沮丧等等），这正是强烈的意向，它表示你日常所提供的振动频率（你也可以称之为长期振动，那正是信念的本质）。因此，你处在茫然无获之中，在你所处之地与所向之地之间的距离并未缩减，于是，部分人在这样的境地中徘徊，很少有所改变。

你认识这种人吗？他们的人际关系很差，并且每次遇到你时都会大加抱怨，与别人关系常常会不断地结束……你又知道，他们开始了新的人际关系，接着，你又听到他们在不断地抱怨。

如果你认识这类人，如果你关注过这类人（或者你就是这类人），你自然会注意到不同的人、不同的地点在他们的经历中出现，但是却很少有变化。这好比他们不断与同一个人结婚又结婚（哈哈），不断与同一个人约会又约会，不断与同一个邻居相处，住在同一栋房子，处理着相同问题。

比如，杰瑞对埃斯特说：“你还在为木板的事而烦恼呢，是吗？”他们的木板接二连三地出问题。

埃斯特会说：“我关心木板的问题啊。”

杰瑞则说：“明显得很。如果你不整天想着，我们可以有个完美的木板。”

你有自己的思想模式，吸引力法则帮助你持续了你的信念

（所谓信念正是不断地思想）。因此，在你的早期生活中，你就形成了一些思想模式。有时，它们是别人精心教导你的，有时是通过你的观察、你的评论及记忆——不断吸引……接着评论并记忆——继续吸引。

这不正是生活的有趣之处吗？只有一件事不断地在你的生活中出现，你才会一而再、再而三地谈论这些话题。这正是你所谓的真理的发展模式。你说："刚开始时，我并不确定，我思考了一段时间。当我不断地关注时，我开始不断地发现证据。现在我相信它了。当我相信后，它不断在我的生活中显现。"

我们说："如果显现的是你所渴望的，这不是美妙至极吗？但如果你所重复的思想模式乃是你的厌恶之物——在你的环境中，你确实非常容易如此——你和一般大众意识的观念差不多：如果我们不反思自己的历史，一定会重蹈覆辙。"

事实恰恰相反：你越是鼓吹宣传，你越会激活震动中的同类要素。此类振动越活跃，吸引力法则为你匹配更多相似之物。

你提供越多的振动，吸引力法则为你带来更多的同类。吸引力法则为你带来越多的同类，你越生活其中，你不断地谈论并鼓吹，你提供了更多的振动……你越是提供更多的振动，吸引力法则会安排更多。吸引力法则安排更多，你越加以关注。你越加以关注，就越不断谈论。你越不断谈论，就越提供更多的振动。你越提供更多的振动，吸引力法则会安排更多。吸引力法则安排更多……我们还可以继续。（哈哈）你的生活经历告诉你：没有持续地待在一处环境中，你就不会不断讲述相同的故事。

因此，这次集会，我们称之为**讲述不同故事的艺术**。生活帮助你刻画了一切，但你应该用自己的言语、观察、期望、振动，描绘一个独一无二的你。当吸引力法则对你的自主思想作出回应时，你将会得到渴望之物。

你是振动能量源

我们常常会听到许多朋友说，他们之所以不断谈论某件事是因为这些事是“真实的”，这对我们来说实在很有趣。我们认为，这个说法只是借口。真实只意味着有人对其加以关注，提供了相关振动，吸引力法则令其在生活中出现。当吸引力法则令其出现时，他们又观察到了。当他们观察到了，于是提供了振动——我们早已给你讲述过这个道理。一个人在生活中有真实感的原因，只不过是在某种程度上以某种方式开始提供有关的振动。

无论你是否意识到，你均是自己生活的创造者——因此，你可以自主地进行。你无法关闭振动，你一直向外发出振动，吸引力法则一直对你的振动加以回应，你也同样可以有意识地调整。

许多人表示：“正是如此。我正有意识地提供，因为我清楚地意识到我不想要的，而且我坚决确保这些鬼东西不会进入我的生活。让我告诉你我不想要的事物名单，这样就可以知道这鬼东西从未在我生活中出现过。这名单可长了。我花了一辈子来收集，我还挺擅长的。（哈哈）我可以一字不差地告诉你。当我复述生活中的问题时，可以令你发笑。我已经这样为人们提供娱乐好多年了。（哈哈）先坐下来听我自己解释，为何我的生活总是不如意。一旦我讲完了这个故事（我已讲了上千遍），我希望吸引力法则能够听我的话，给我以我所讲述的相反面。”

我们得说，吸引力法则是一位相当公平的朋友，它将会一直重复你的振动。我们希望你记住：你的振动，你的振动平衡，你的振动允许，你的吸引点，你的振动匹配，这一切都可以通过你的感觉方式而获得最透彻的了解。

你的感觉方式正是你的振动平衡的指示。而许多人也知道，身体是内心力量的源泉。你们一直谈论本源，你们一直谈论灵魂，你们一直谈论上天，你们一直试图长生不老，与天地同寿。

我们希望你知道，你是永恒的存在形式，但这与生或死无关。你既非天使也非枯朽者。**你一直是能量源，是振动。你所知的物质身体以及围绕于你的一切物质环境，皆源于你的振动，你的振动则来自你生活的美妙世界。**

你通过思想碰触而关注你的身体。很明显，你在所在之处。但我们希望你知道，全部的你并非包含在身体中。更大部分的你一直稳定、无形、纯粹、积极，拥有大自然一般的力量、本源、爱的能量，那才是**真我**。

就像你身体中完整的**真我**并未完全参加今天的研讨会，你还是一位母亲、父亲、姐姐、哥哥、会计、收银员，你生活中的许多特征并未在这显现，而你正全身心地与我们交流。因此，我们希望你知道，在更高层次的精神世界之中，你的更大部分在无形之中关注并享用你在物质世界提供的种种益处。

一切皆为振动的思想

你知道自己在出生前便是能量源吗？你接受我们的看法——你的能量源属于无形体吗？这好比电流。当你打开了烤箱，电流从你房屋中穿过，因此烤箱里的东西就熟了。有的人会说："那么，为什么电流不能做烤箱呢？"我们会说，因为电流是电流，烤箱是烤箱。你的能量源部分正是你的能量源，你的身体则类似于"烤箱"。它之所以要互相合作，乃是因为通过物质方式，你才可以进行探索。你在此前沿，又通向了新的前沿。

万事首先皆为思想，接着才是通过长期而得的振动，最终只要有足够的关注，它将慢慢成形。

你确信你生活世界的存在，因为你可以辨别，并同他人一样注意环境中的种种特征。你在一定程度上将所处的时空神圣化了。你说："我们看见这屋子，我们在测量它，我们都会对它的大小取得相互一致的看法。我们知道面积，知道测量方法，知道距离。我们大部分对色彩看法一致。我们之所以会对如此之多的事物取得相同的看法，因为我们利用自己的感官译解振动。"

我们希望你所获得的思想是（我们知道要接受这个很不容易，因为你的物质环境感觉如此的稳固、永恒、安定与真实）：这一切都在振动，这一切通过你的感知而被体现。

从你眼中所见的一切不过是一种振动体现。从你其中所见的，你所闻到与尝到的，你通过手指感触到的，皆为振动体现。由于你已经体验了这么多年，一直与其十分吻合，你的稳固现实正是你所站立的平台。我们希望你理解，你的现实并没有你想象中的稳固，它一直在不断地变化。它的变化正是在你的身体允许之下进行的。

我们希望你从本源出发，看一眼你的物质世界。当你从本源的角度看这个世界时，便开始转移注意力，你的注意力不在你不想要的生活之上……相反，你将注意力投注到你的振动和渴望，以及吸引力法则之上。

现在，你无须担心吸引力法则的回应了。它一直在运行之中。**吸引力法则一直开启。**这意味着，无论你提供了何种振动，均会收到相应的回应。然而，大部分人却不明白吸引力法则对人存在的两部分均会作出回应：你的无形部分。我们已经告诉你，这一部分一直处于无形关注之中（你能想象这有多久吗？）。**你的物质部分随着你的诞生而到来，它也说不上有多久。**

因此，你的每一部分均会感受到吸引力法则的回应。

有时候，人们所讲述的愿景实在没有条理："本源是完美的，我现在已经知道如何达到完美。本源为我制定了学习的法则，我会学习它们，我会不断增长，我会达到与本源一样的完美。"我们希望你明白，**你所谈论的本源恰恰在你体内**。你无法从中剥离。你也许可以自残，但本源一直在你内心。你可以感受自己的感觉，分辨出你的思想在何种程度上允许本源的完满。

当你感受到浓浓爱意时，你与本源具有完美的振动匹配。当你对有的人或自己憎恶、生气时，你正在远离本源的振动。你的振动与**真我**的振动差距恰恰可以通过负面情绪来衡量。无论程度如何，负面情绪总是意味着你限制了本源的完满。

当你允许自己以物质存在形式搭上本源所有渴望的火箭，你会觉得激情燃烧，你会觉得爱意浓浓，你会把握十足，你会精力充沛……你对生活充满了热爱——那才是真我。当你觉得沮丧，当你觉得压抑，当你觉得愤怒，当你觉得失望，当你觉得恐惧，你是在不断地压抑你的**真我**。

因此，我们希望你明白你的情绪（*无时无刻不在波动之中，无论是爱是恨*）——**你所感受的情绪，每时每刻均是你的振动指示。你的振动在你的现实与理想之中游移，通过关注而不断地转移。**

谈论一时刻、一部分的引导！谈论**真我**与你的渴望，以及你所说的渴望之间的联系。只要你愿意解读，你的引导系统便会提供富有智慧的指引。

这与你车内的导航系统类似。它们知道你在何处，你设定了渴望的目的地，这系统将会计算你所在之处与目的地之间的路径，引导系统也如此。

你站在这里，也许因为人际关系太差、疾病缠身、入不敷出，这一切令你害怕，令你闷闷不乐。你站在这里，不断发送渴望，渴望更美好的生活。你的渴望远比过去强烈，因为了解你所不满意的，它帮助你确定了你的渴望。你的本源不仅乘上了渴望的火箭，同样成为一个新的你的振动。

那么，我们给你的问题就是：**现在，通过你的所想所言，你让自己跟上了吗？**你跟上了生活所愿成就的你了吗？如果是肯定的回答，你已经调整、打开、接上，身心愉快，允许自己向着更高的境界提升。**那你就会从本源看世界。**

你如果感受到了负面情绪，这意味着你的注意力需要修正。我们知道你未塑造这一切，你只是观察而已。你并非有意识地试图令自己远离真我，但每当你感受到负面情绪时，无疑正在做一件事：远离真我。

人生活在振动匹配中，认识自己的引导系统

我们希望向你展示如何以及在每时每刻充分地利用它。我们希望你明白，你的感受至关重要。因为你的感觉是你与真我契合程度的指示，同样表明了当前你对整个真我的接纳程度或抵抗程度。

许多人在这世上浑浑噩噩，像是真我的影子。当他们不再对生活充满热爱，母亲才会大声斥责孩子们。我们希望你通过**自觉、有意识、有效**的方式达致愉悦。

我们希望你明白生活的每一部分。当你知道了真我，当你明白了真我的感受方式，当你开始让自己进入这样的感觉，你将与真我取得振动匹配。当你调整、接上、打开，当你提供发自内心的振动，你的影响力将会无比强大，旁人将会惊异于你所展现的自信和魅力。当你与真我的振动相匹配，吸引力法则将会带给你大量的机会，为你带来快乐的流动。你将一步步地向着快乐生活前行，快乐的生活将会不断地向前展开。

我们并非了解你不满意的情况，知道你成百上千的渴望，进而想出如何完成你的渴望，而是为了帮助你重新理解在此世的意义。

你来到这世界并非“赤条条来，赤条条去”，并非因为富足优于匮乏，于是你确认渴望，并享受生活的一切。你来到这

世界是为了确认你真正的渴望，以便向着你的渴望行进，享受永恒而连续不断的生命流动。你希望与**真我**一起顺流而行。

吸引力法则以及对强大的你的回应创造了一股流动，向着生活所指引的方向奔涌，就如同河流一般，你可以通过身体的每一部分感受到。你感受到这一切，因为你未与**真我**一致。这样的能量冲突令你如同被撕扯一般，饱尝苦楚。在一定程度上，它会摧毁你的生活秩序，令你与**真我**相离。

当你咽气了，一切也就完了（我们喜欢这样的俚语……因为从来没有死亡，我们希望你的想法与我们一样），你也不再谈论你在世上曾担心的一切，**真我**的振动又成为主流。

一下子，你达到了生活所希望达到的境界。但我们希望告诉你，你不必待到气之将尽才能让这一切发生。你可以在这世界上好好地活着，通过每时每刻注意你的感受，将你自己调整为你内心深处的振动。当你与**真我**相一致时，必会感受到生活的美好。生活本来就是美好的。

杰瑞和埃斯特在上一个暑期有一次愉快的经历。我们去白水河玩竹筏了。当他们带上竹筏来到岸边，没有人，连一个也没有，考虑逆流而上的话，急速的流水将会带动船只流动。这条河流的向导首先对我们说的就是：“朋友们，这可不是迪斯尼乐园，我们可不能逆流而行。”他要提醒他们这条河流的威力。我们要对你说的差不多：我们明白河流的威力，以及你无法逆流而行的事实。在你来到此世界前，河流的方向便已经确定。每次你知道你所不愿意的，通过你的愿望火箭，河流可以流得更快。

河流流动得越来越快的原因在于，每次你确定了渴望或偏好后，你的无形部分完全将其包含其中，并成为其振动提供者。当强大的吸引力法则对你不断聚集的振动回应后，有着一股强大的吸引力令你前进。

我们希望你明白河流湍急，你必须明白逆流而行的重要性。当你向着你将成形的方向移动，你会享受到顺流而下的闲适；当你逆流而行，你会由于不一致而烦乱。你的每种情绪均是如此。

如果你感受到了负面情绪，每一次均意味着：生活和希望，你比这一思想、行动、言辞所接纳的你更富足。换言之，生活帮助我得到更多的财富，我的能量源更为强大。

你能否想象，在你的振动契约中，有多少富足为你积累。这才是真正的财富。因此，你早已在生活中为自己布下了富足。在这世上，许多人常常说："我没有足够的钱。"由于财富匮乏而生失望之情。

"我钱不够了。我钱不够了。我想买这件，可我买不起。我希望可以买到，但我买不起。我讨厌光想却不能买。我讨厌没有足够的钱。我认识的人钱都不够花。我认识的人钱都不多。我都不知道谁有钱。没人有钱。没人有钱。没人有钱。只有那猪头有钱。（哈哈）那猪头有许多许多钱——比他应得的多得多。他大把大把地花钱，肆意挥霍。你不知道有多少人在为钱愁眉苦脸吗？我没有足够的钱。我没有足够的钱。他们也许靠非法生意发家。我没有足够的钱。我没有足够的钱。我没有足够的钱。我没有足够的钱……"

我们希望你知道，你无法如此感受匮乏，却希望财富流入，这其中的振动频率相差太大了。

你的失望表明你不让财富流入——没有财富的流入也是一种指示。换言之，你的所作所为有着情感指示，有相应的意识，对吧？我们希望你意识到：你的生活境遇是你的所作所为的振动指示。**但我们希望你不要看得太重要，因为它只是振动的指示罢了。**

我的银行存款是振动的指示。我的存款只有可怜的一点点。为何我的银行存款不会增多？为何不增多？因为它正是为何不增多的指示。

“我身体不舒服。我觉得不舒服。我如此渴望身体可以更好些。我已经检查过了，可我还是不知道身体有何问题。”**你的身体与你的境遇正是你的振动的指示。**“我不知道自己身体怎么了。我无法控制自己的身体。我不知道发生了什么。我很害怕。我不知道如何处理……”你的所有生活境遇只不过是你所言所论的指示。

人们谈论生活现实在于它的重要性。我们希望你明白，这不过是暂时的指示。你去过加油站，当你看到汽油量表指向零时会害怕吗？“怎么会这样？为什么会发生这样的事？”你会趴在方向盘上伤心不已吗？“噢，这都是怎么回事？我完蛋了！我一辈子只能这样了。”又或者将汽油灌满。

当你觉得自己身体不行了，你一步步地走向诊疗室，心脏被恐惧紧握，突突地直跳。你害怕医生告诉你一些你不想知道的东西。他可能使用各类仪器，将你全身检查个遍，从皮肤到内脏，特别是那些你自己看不见的地方。他也会告诉你在体内存在着指示器。我们希望你会说：“很高兴知道这些。你不需要告诉我，我已经知道。我能感觉到身体的紊乱。”

你的生活境遇，无论是你的身体状况、人际关系、经济状况，无论是什么相关的——你的生活境遇只是宇宙为你提供的暂时的、片刻的振动指示。一切尽在其中。

惟一的问题在于：你并不知道这些振动是暂时的，因为你一直重复这些言语，所以无法接受这一事实。你一直讲着同样的老故事，你不知道任何新故事。你确信自己应该“像现实一样讲述”。

那么，我们在此也“像现实一样讲述”。你妈妈说：“告诉我真实情况。”你就会说：“我没有足够的钱。我没有足够的钱……我讨厌你……我不喜欢你的干涉，我不喜欢你管我。我不喜欢你管我的钱……”我们说出了真实情况，我们也知道这会令你生气。但我们希望你明白：**你必须讲述不同的故事。**

我们是否说过存在两种振动——一是更大的你；一是物质的你。你明白吗？你相信这点吗？你知道自己是能量源吗？那么，听听这一不同的故事：“我没有足够的钱。我没有足够的钱……这里有很多钱，钱在这儿，一切都已经安排好。资源在那儿。环境与事物皆已安排妥当。钱在这儿。看过来！看过来！看过来！”

现在，我们要描述不同的情绪：“我没有足够的钱。我没有足够的钱，为什么我的钱总是不够用？我做错了什么？我应该变得更好。他们应该待我更好。”

金钱无处不在。你并没有错。你的渴望之物均已安排好。一旦你准备妥当，你自然会收到，你无须等待做什么。所有工作均已完成。你只需要放松并接纳你的渴望。你开始聆听你的本源。你希望聆听本源的呼声。你知道自己行走在正确的方

向，因为事物早已显露。

当你沿着你早已铺就的道路行走，在本源的召唤下，向着你的渴望行进——你此时意气风发。你觉得激情四射。你知道你的物质世界如何教你吗？你的物质世界会说："如果你快乐，你需要谨慎。"

你告诉你的朋友："我实在太激动了"。他们会说："小心，小心——正面也许意味着你的回光返照。我已经见过许多乐极生悲的事，因此，你最好要注意安全。我觉得，你还是应保持原来的状态。我知道这很打击你，但你也不比以前过得好……"

我们希望你明白：**你的感觉方式就是一切。因为你的感觉方式说明，你的现实和真我之间的距离，是在缩小还是扩大。**

学会这一点，你就可以通过感受判断，这是顺流不是逆流。顺流令你感到轻松。它并非给你带来阳光、玫瑰般的感觉——它并非是你所体验的美妙感受——但是无论你在何处，顺流总优于逆流。这就像你在"有些糟糕"和"还好"之间所感受的差异。

你需要找到愉快的感觉。由于你从小接受的教育与快乐的人相反，成为他们中的一员对大部分人来说相当矛盾。换言之，令人无奈的事莫过于眼巴巴地看着别人快乐，莫过于看着别人过着你渴望的生活，更糟糕的是，他还自夸："让我告诉你生活有多好。"你会说："我才不稀罕。"

我们并非希望你和任何人攀比。我们只希望通过对比，清楚你此刻的思想处于顺流还是逆流之中。你知道为什么吗？你现在所思所想正是你未来生活的指示。你现在的思想是你的吸引点。还有一件事，我们要告诉你：**在振动与显示之时，存在着一段时间的延时。几乎你所有的创造在出现之前，便通过振动而完成。**因此，也许在你看到证据之前，你已在顺流中，这正是你所不知道的。你希望即时地显示。

你能想象杰瑞和埃斯特在河上是怎么告诉导游的吗？“我们希望立刻到达。我们不想来乘竹筏。将我们的船放到车上，让我们开下山谷。这会很快。”导游说：“我以为你们是来乘船的呢。”

这正是我们希望你明白的：**你希望乘舟而行，火炼真金。**如果你觉得再次来到这个世界，也许会更幸运，也许生活在富贵之家。你也许可以满足自己所有的愿望，没有一点烦恼。

这是许多父母亲为孩子所做的，你们反而剥夺了他们的抵抗力。你说：“我将在困境中努力，从中可以明白我真实的渴望。这很不错，因为当我知道了喜好，我会不断发出振动，吸引力法则将会带给我一切。我将会焕然一新。通过生活的苦难，我将会明白我真正的渴望，画出完美的生活蓝图。”

但是，当你到了这个世界，你周围的许多人早已失去了**引导系统**的视野，他们不断对你说：“我是一个随遇而变的人——这意味着好事情令我快乐，坏事情令我伤心。因此，我希望从你这儿获得快乐，既然你进入了我的生活，我会常常看着你（由于我是你的母亲，由于我是你的老板，我自然要看着你）。当我看着你，我希望可以高兴些，你自然要让我觉得舒服。我不希望你太自私。你的一举一动都要考虑我的感受。如果你让我们伤心，你就陷入困境了。”

如果只有一个人，而且他一直言行一致，这一切也许是可能的。但他们如此善变，他们人数众多要求不一，你无法同时满足许多要求。更重要的是，你很快会清楚，无论你如何努力，也无法令他们高兴。**我们想告诉你，你来到这个世界，并非为了听从别人的差遣。生活会令你成长，这一强大愿景将会召唤你，当你向更好的生活迈进，你会觉得愉快，也会令别人一起愉悦。**

你的生活并不需要别人的指引，也不能依靠别人的指引。首先，他们的关注时间并不多，你的爱人关注你的时间有多少呢？没有人敢说。不是很多。你的母亲关注你的时间有多少呢？不是很多。没有人如此，因为没有人为了照顾你而降生。他们均是作为自己的创造者而降生。我们认为最伪善的地方（这令你最痛苦）在于：他们告诉你，你对他们很重要。但是潜台词是：他们的感受对他们最重要。因此人们常常从他们的角度来引导你的行为。

生活能否如意在于：你能否接受“每个人的生活由自己负责”这一信条。**这并不是一件坏事，因为这句话表明：每个人均是能量源，每个人来到这个世界上都是为了发现新的愿望。每个人均有本源，引导其向着最大的愿望前进。想象一下这个世界有多美好。**

如果每个人拥有自己的引导系统、本源，每个人向着更美好的生活努力，每个人聆听着心灵的呼唤……你能想象这个世界将会有多美好吗？

在与本源相契合时，没有人发出负面情绪。这一切不会发生。你所说的负面行动之所以发生，百分之百是因为他们的不协调。他们试图填补空虚，**他们希望达到他们的渴望之**

地——但他们用一种不可能完成的方式前行。

现在的你意味着什么

我想，我们已经告诉你一切的要点。我们已将教给埃斯特的一切讲完了。我们的思想要点如下：**你是自己生活的创造者，如果你希望拥有属于你的快乐生活，你必须有意识地创造自己的经历。除非你能在任何时刻从本源的角度看待生活，否则你不过是个存在的影子。这意味着，如果对你所关注的任何事物缺乏热爱，你无法成为完美的自己。负面情绪意味着你正阻断自己与真我的联系。**

我们谈论了各式各样强大而美妙的正面情绪，但我们希望你能调整至这种情绪，我们可以简单地称之为：**放松的情绪。**我们也想告诉你，无论你在何处，**你是所在之处的产物。**“我是我所在之处的产物，我的人际关系，我的身体状况，我的财富，我的人生观，世界观，我的家庭——我是一切有关之物的产物。这意味着，我的振动带给我对这一切话题的吸引点。”

换言之，你的生活并非只是与你的行动、所处的背景有关。它同样对你发出的思想、思想模式作出回应。这不是很好吗？换言之，我们正讨论一些好的调频，还有有意识地倾向你的渴望。

我们之所以如此热心地告诉你这一切，因为我们知道，如果你此后明白你是自己的吸引点，提供了吸引力法则所复制的振动信号，你可以通过感受判断自己是否偏离了生活的正轨。一旦你将快乐作为人生第一大事，通过感受而非理应如此来开始引导自己的思想、言语、行为，一旦你将自己的感受置于首位，你就会成为一位快乐而自由的创造者，再也不会与真我相分离。

所以，达到放松的感觉是你的重任。随着逐步地深入，我们将会向你展示如何寻找令你产生放松感的想法。

我们知道，在每一次集会中，人们总倾向于天南海北，无所不谈。我们只会谈论对你来说至关重要的。我们希望你记住，现在你正提供着振动信号……经过一段时间后（其实时间不长），它开始拥有一定的频率和吸引模式。因此，从现在开始：讲述你渴望的生活，而非现实的生活，讲述你的现实生活只会令你重复现实。

你是否能觉知，所谓的负面吸引只不过是对你已存在的正面吸引的阻抑呢？这正是我们希望为你阐述的。并不存在所谓黑暗的本源。你不会走进一间屋子，寻找一个黑暗开关，摁上开关，让黑糊糊、雾蒙蒙的物质来到屋子，并将光明覆盖。没有邪恶疾病、黑暗的本源——只有对光明之流的排斥，只有对生活渴望的排斥。

因此，万事皆比你所想得简单，因为无论你的力量何在，此时你便可以激活你的振动。你可以激活很久之前的事的振动——但你现在做这件事了；你可以记得很久以前发生的事，如昨天一般——但你现在回忆；你可以分享明天或 10 年后的事——但你通过现在把握。

那么，你的所思所想，发出一个信号，这就是你的吸引点。当你提供吸引点 17 秒，吸引力法则就会开始运作。换言之，这正是另一思想进入的节点。将此延长 17 秒，又会有一个节点。不断重复，直到你的任何想法足以长达 68 秒，并取得振动契合，事物的移动将足以通过眼睛觉察其显现的开始。就是这样：**68 秒讲述你的渴望，你的生活如你所愿吗？不断讲述那故事；生活并非如你所愿吗？不要讲述这个故事。**

“但我忙得很。我实在心有余而力不足。”你听到了她说的话了吗？你将不会说着负面故事而无所察觉。这样实在好得很，因为除非你意识到自己的选择，要不然，你无法作出更好的选择。放松至关重要。

财富的振动要素是什么

问题：谢谢。这名副其实的财富，我等了好久。我……

亚伯拉罕：不要用讽刺的语气。（哈哈）

问题：我希望你着重讲述我该如何有意识地倾向接纳面。

亚伯拉罕：现在，许多人也许有一股冲动说，亚伯拉罕实在过于吹毛求疵。但我们希望你用心感受，如果你可以，这个问题的感情背景——换言之，这“名副其实的财富”，我们觉得这是一种模仿。“如果有……我的原料呢？如果吸引力法则如你所说，我正在积聚财富，它在哪儿？我该如何获取呢？”

我们希望你在此刻回味，你所提供的主要振动为何。你从财富的匮乏面抑或积极面提供振动呢？

我们知道，有人也会说：“他当然会这样，因为事实正如此。他如何能提供他尚未实现状态的振动呢？”我们会说，你必须拥有你的渴望。**你必须找到它的振动要素。**

我们自然知道，万事开头难。“它在哪？我在哪儿做错了？我该如何不同于以往行事呢？”你会有很多疑问。我们希望你能够感受到自己的言语和态度带来的蒙蔽。因此，你的工作就是：必须找到方法令自己从财富匮乏的关注中转移，同时激发自己对财富的感觉。

因此，你应该**对你生活的富足加以感恩，对更美好的未来加以感恩**。实际上，我们会说，即使你在希望之中，也比你在怀疑中更接近接纳其振动。

因此，我们才对“名副其实的财富”的说法吹毛求疵，认为其有讽刺意味，但我们希望你意识到，**当你冷嘲热讽、悲观厌世时，远不如怀有希望与乐观的情绪有作用**。因此，关于这个问题，“如何让财富接近我，让我接近财富”——你只需假装它已经完成。带上财富，并不断地在精神上拥有它。享受放松的感觉，即使在现实之前。专注于你引导思想、超脱现实带来的感受。因此，讽刺（我们确实有点过了）远远与乐观或积极期望不同。感受不同说法的感受：“我的财富来得太慢了。我有些相信振动契约了，但我不知道如何接纳。”感受这一表述。接着感受另一种说法及两者的不同：“当我找到了一切就好了。当我找到了一切就会好了。”——让我抵抗走了。“我做不到，我花了很长时间，可我依然做不到。”——这完全是逆流与抵抗。“我期望可以找到解决之道。”——释放了抵抗。

“当我找到了一切就会好了；我天天想着这一幕；我在不同的主题上努力；我在这方面做得很好；我乐于知道有财富为我积聚；我乐于知道我的生活经历令我为振动契约添加了条款；我乐于知道我的本源在我期望接受前，便已准备好。”

“我乐于知道我的负面情绪恰好意味着我偏离了本源：我乐于知道负面情绪仅仅是一种指示；我知道本源可以给我带来更积极的感受；我知道负面情绪是我的指示器，表示我偏离了本源所规定的方法；我知道这一切令我愉快。”

“我特擅长这些。我知道我的感受方式——我可以辨别其中的差异。我已经注意到我的所思所想、我的感受以及显示之间的关联。我知道现实会与我的长期感受相匹配。我确实理解，要想与平时的所思所想有所差异，需要更多关注。我知道，当我关注时间越长，它会越容易获取。我也知道我说得越长，说得越溜，我说得越多。我知道期望带来不同的感觉；我知道希望与怀疑所带来的不同感觉；我知道激动与失望所带来的不同感觉；我能知道，我知道可以做到。”

这样的谈话将会创造不同的世界。这正是你的工作。

我们知道这很漫长，但这正是你的工作，你并非一步登天便可以形成你的长期思维，而是循序渐进形成。你无法立即全部改变，必须从一点一滴处改变。如果你希望一步完成，你将无法完成。如果你期望一步步地改变，当你完成每一步，都会备受鼓舞。每次迈出一小步，说出你喜欢的故事，你心中的渴望。

因此，我们会这样讲述你的故事：“最近才听说，在我的振动契约中，有一笔名副其实的财富等着我。我喜欢这个消息。我的生活经历和我的生活状态与此有关。我喜欢这个想法，我可以拥有、成为、完成任何渴望。因此，我会像我渴望的一般讲述我的故事。我认为金钱既不通向幸福，也非万恶之源。我将通过我的感受而非我能否完成来作出我的决定。

“我认为更多的财富将会向我涌来，我并不单单为自己而激动。这于我和我的家庭，我周围的人，我看待生活的方式，还有我的生活，同样意义非凡。这一切一切的变化令我激动万分。”

“我热爱生活的全部，但我能预见这些财富将会提升我的财富。今天格外的100美元，也许就意味这一变化。今天格外的1000美元意味着这一变化。如果今年我能接纳格外的10万美元，我将不胜欣喜。如果每年我能接纳格外的50万美元，我将会超越现在的生活。我将会驾驭生活，我的工作将……我不需要在那儿工作了。”只要将此场景在你脑中不断回放。

我们已提供了许多游戏，而最有效的游戏如下：**在口袋里放100美元，并每天有意识地在头脑中消费，重复又重复。如果你愿意，你可以算算用100美元能交换多少物品。**

令人惊讶的是，这个简单的游戏确实可以扭转你对金钱的看法。它让你有所放开，因为你的习惯常常会说：“我渴望这个，可我买不起。”“有了100美元，只要我愿意，我就可以。只要我愿意，我就可以。我可以完成。”因此，不再说：“我买不起。”一遍遍地重复。你会说：“我愿意我就可以。我愿意我就可以。我愿意我就可以。我愿意我就可以。”

有人会说：“亚伯拉罕，你要知道，100美元买不了什么。”我们说：**如果今天你将100美元花了1000次，相当于花了10美元——这正是改变振动所迈出的一大步。**人们又常常会说：“但这不是真实的。”我们说：**它将会成为现实。你必须首先有所感受，一旦振动趋于稳定——它也将会很快成为现实。**

通过你的振动，吸引力法则将会带给你路径、方法、合作者与结果。当你唤起富足的振动，富足将会进入你真正的生活。它将会以各种方式来临，充满你的各个角落。只要你再活跃一些，你的触目所及处，将会见到更多的富足。

这并非你所想象的大事一桩。你知道它为何像一桩大事？因为你一直两眼盯住现实，提供有关现实的振动，不断地延续现实。你会说：“我已竭尽全力，我已完成全部工作，我已打拼这么多年——我现在成就只有这么一点点。如果我如此努力才会有些许成就，不努力又会如何呢？”我们说，你一直提供的是**行动努力**，我们现在鼓励你提供振动努力。**振动的努力将会带给你创造世界的能量与威力。**

当你持之以恒时，振动的变化将会令你的生活发生翻天覆地的变化。当你说：“我渴望它，我渴望它，我渴望它。”你却无法前进。

当你说：“我相信自己可以完成。我想自己可以完成。我怀疑能否完成。其实我不看好。我相信自己可以完成。我可以试试，但我怀疑能否成功。我其实不看好，我想试试。我真的想试试，但是很难成功，我现在停滞不前。我想试试，我试试，可我不知如何着手。”那么，很难有所变化。这是与“你的感受”一样老旧的、平常的、长期的振动习惯。**你必须通过你的意志力，将你的思想关注于不同的故事。那么，告诉我们你的财富故事。**

我获得极大财富的故事

问题：一切完美——这正是我在整场对话中所感受到的，一切完美。我发自肺腑地感受到这一点。这一切如此美妙而生意盎然。我想，这正是我的问题：这也是该过程的一部分吗？

亚伯拉罕：**这也是过程的一部分**，正如我们说过的，99%

的创造在你看到有关迹象前，便通过振动而完成了。这好比从菲尼克斯城去圣地亚哥，圣地亚哥是你渴望之处，但由于这段距离长达400英里（640千米），你并没有到达你的目的地。如果你因此而沮丧，类似于振动，你将会重新回到菲尼克斯。你将永远到不了那。但是，当你从一个地方到另一个地方，你说：“我知道这次的旅行线路，我一定可以完成。我可以看到自己的进步。我能够预见所走的每一英里的方向，我不断关注那个方向。我不断远离了我所厌恶的，并且不断接近我的渴望。”

因此，你可以保持信念，因为你可以看到自己正在不断地接近，接近，接近。没有人会对这次旅行泄气。换言之，你坚持了信念，坚持了你的思想。你没说：“圣地亚哥是个遥不可及的美梦。”你并未说：“圣地亚哥已成为幻影——我不断地尝试，可我依然无法到达。”因为你能到达，你知道自己可以。

当你明白你的感受方式正是你前进方向的指示器，你可以对自己说：“我十分乐观，当我说，‘一切完美’，我真的感受到这一切。”我们会说，你绝不会无法到达。如果你能保持这样的期望、态度、振动频率，它必会到来——它会迅速地到来。

你会说：“好的，我已经上路了。我和亚伯拉罕谈过了，亚伯拉罕的关注超过了68秒，我确实感受到了相关的振动。当我说‘一切完美’，我确实发自肺腑。我回到了我的现实生活，我发现自己并不在圣地亚哥。换言之，我看到了现实，我感受到了负面情绪。因为我并非在我的渴望之处，我希望可以干大事，可我没有钱，我觉得有些失望。”

我们说：这很正常。**失望**是你的**指示**，意味着刚才的想法令你失去了期望，开始关注与你的期望所不同的东西。你该如何调整自己的心态呢？

当你在失望中时，令你自己的感受重新积极变化，你清除了原来的振动，再也不会回到负面状态。换言之，当你陷入负面情绪中，你不断地深思，直到你确实觉得放松了——这一般会花费你 68 秒或更多的时间。当你确实感受到了轻松，你将再也不用在此清除你的负面情绪了。**你已与宇宙相应和，你找到了不同的振动点。**

我们希望告诉你另一件事：**当你移到了不同的振动点，这种迹象也将随之而变。当你在此状态下努力时，宇宙将会对你的新振动作出回应。**

在这一天，你的想法终于有所回报。在这一天，你开始与富足者约会——你会提供新东西——你同样可以与其交换。换言之，虽然只有一丁点努力，你无法知道这正向着“圣地亚哥”靠近；它不像驾车一般方向明确，但你可以感知，因而你就知晓。因为你有所感知，你明白感觉方式的重要性，你会不断保持、保持。不久，你不仅仅只是**希望**，你将会拥有这一切——你不只相信，同样确信。因为证据早已显而易见。

通过不断地思考、思考、思考，你不断地清空、清空、清空。我们的“清空”是什么意思呢？**你讲述着你渴望的故事，远离非你所欲之物。你不再面对现实，开始创造现实。**

那么，当你的朋友问道：“你忙些什么呢？”

你会说：“当然是好事。”

他们会说：“你能够买你自己想买的东西吗？或者你找到了满意的工作吗？”

你说："我正在向此努力。"

他们会说："不是，你没有明白我的问题。你有吗？"

你说："你没有明白我的回答。我正在努力。"

他们会说："如果你没有，你就承认。"

你说："我在振动上拥有。既然我已经拥有相应的振动，它一定会实现——此乃法则。**我已拥有相应的振动。**"

"你如何知道它正到来呢？"

"因为我感觉如此愉快。"

"你在获得之前便能感受到它带来的快乐吗？"

"我知道这一过程。我已经与我的渴望保持契合，它一定会到来——此乃法则。"

"你如何知道自己已经取得契合？"你的朋友又会说，"你如何知道你已与你的渴望取得契合？"

"每当我思考它时，我均会心情愉快。当我想到财富时，我便心情愉快。我觉得前途似锦，因为我知道一切均会实现。我会满怀喜悦地看待我要处理的事务。这些正是我要处理的事务。"

换言之，当你身处这个世界时，当你发出有关振动的渴望时，当你允许时，它就会随你而来，你会感觉美妙至极。当它远离你而去时，你会心情低落，这意味着当你对事物极为厌恶时，你已渴求某物，而精神层面的你早已将物质层面的你落下了。

我们希望你知道，你正是令生命之河流动如此迅速的原因，你同样是与流动相顺或相逆的原因——你的一切感觉缘起于此。

你对每种事物的渴望皆由于你相信拥有以后可以更愉快。无论是人际关系或经历、环境、事件——你的渴望皆由于你相信拥有以后，你可以更愉快。当你的生活令你足以刻画出一切的生活细节，吸引力法则将会令其梦想成真。

在今天的生活环境中，你正在不断向着美好未来许愿。当新婴儿降生时，他们并不会抗拒，他们将会从大众意识的振动契合中获益——就像你一样，你也曾从中受益。我们认为任何一个人，只要活着，就应该不断前行。我们对你要说的是，你不必咽了气才能弥补愿望与现实间的差距，也不必重新诞生，以获得振动受益。你可以从这里开始，从现在开始。

你说："我会不断前进，种种现实将会激发我的灵感，一旦我有了好想法，我将会予以不断关注。"这不是我们曾经告诉你的吗？对你的好想法予以不断关注，无视你的现实，正是现实令你产生了这些想法。

听从你的意识，而非你的现实！"这才是你"——这正是我们这次研讨会所欲传授给你的：**重要的并不在于你的所在之处，因为一切如露如电。**它就像你汽油计的指针。你注意了指针的运动有多快吗？换言之，这仅仅是指针，如此而已。

因此，所谓生活所显示的不过是表示短暂的振动的短暂指示。你会说："我一点也不觉得这是暂时性的，因为我的生活一直如此。"我们认为，正是因为你发出了相同的振动，才会有相同的回应，但是现在，一切不同了。你的生活不再如此乏味。这是来自新振动的新生活。

如果你早已离开多年，你已许久未见小时候的玩伴；如果你回到故乡，你会发现生活原来在不经意间塑造了另一个你，你已不再是故乡的你。你同样可以意识到，每时每刻，这样的变化均一点一滴地在你身上发生。

“如何才能从现实走向理想？”我们的答案：“看着你渴望的方向，在你渴望的方向上言说，‘永远不要回头。如果你能真正做到这一点，你将会在明天看到名副其实的财富’的种种迹象。”

波士顿研究会闭幕

亚伯拉罕：我们非常享受与你们的交流。我们享受与你们在座每一位 3 分钟的交流。我们欣赏在座各位的耐心，相信凭着这份耐心，你们同样可以找到生活中属于你们的宝藏。

我们并不会说，我们告诉你的东西可以令你实现你的渴望，但你可以从中放松，并且知道你可以通过自己的振动而实现。

我们并不直接引导你走向富足，因为这些是你的经历。我们希望引导你如何创造富足，因为我们希望你可以处理自己的振动，你的振动正是你此刻的生活。

你此时此刻的感受乃是你的现实与你的渴望之混杂，除此之外均是虚无。当你通过有意识地调整自己的振动，你可以继续在**真我**的方向上行走。现在，你可以自如地控制自己的心情。

我们并不希望你成为百万富翁，虽然可以。我们希望你保持快乐的心境，并且享受发现快乐的过程。我们希望当你作出决定时，你可以顺流而行，顺势而动。

我们希望你知道你所厌恶的，因而你可以知道你真正的渴望。我们希望你细细品味其中差异，当你与渴望同行时，可以轻松自在。我们希望你感受你积极的振动，感受与天地一体所带来的震撼，以及它所带来的契合之意。我们希望你百尺竿头更进一步，有不断涌现的新渴望。

我们希望你感受新渴望及其振动的威力，不断地重新认识你还远远尚未全部发挥的潜力。但我们希望你加深现有的知识，不断地保持愉快的思想。**取得更愉快的思想，向你的渴望进发，你将发现新的生活。**

我们希望你不断与生活的陶土接触，不希望这仅仅是个结果。我们希望这更多在于契合的过程合乎你的本性。我们希望这与你的情绪相合，你能乐于发现生活中的种种迹象，因为你确实改善了情绪。

我们喜欢你过去的感觉，也喜欢你现在的感觉。我们相信，没有过去的感觉，就不会有现在的感觉。振动关系就是生活——无所谓对错，一切都在塑造中。

我们的快乐远非言语所能尽情表达。对于我们来说，生活如此美好。我们希望你（邀请你）从我们的视角看这个世界，因为我们眼中的世界确实十分、十分美好！之后，等待你的将是美好生活！

我们爱你爱得深沉，我们的愉悦永远不满足！